WEIHNACHTEN

WEIHNACHTSGEBÄCK, GLÜHWEIN & CO.

W0171401

Sonderausgabe

Abkürzungen

EL	Esslöffel	TK	Tiefkühl-...
TL	Teelöffel	kcal	Kilokalorien
kg	Kilogramm	kJ	Kilojoule
g	Gramm	EW	Eiweiß
mg	Milligramm	KH	Kohlenhydrate
l	Liter	F	Fett
ml	Milliliter	Bd.	Bund
cl	Zentiliter	Msp.	Messerspitze
gestr.	gestrichen	1 kJ = 0,239 kcal	
geh.	gehäuft	1 kcal = 4,184 kJ	

Die Rezepte sind, wenn nicht anders angegeben, für 4 Personen berechnet, die Nährwert- und Energieangaben sind für 1 Stück bzw. 1 Person berechnet.

Impressum

© Genehmigte Sonderausgabe

Alle Rechte vorbehalten. Nachdruck, auch auszugsweise, nur mit ausdrücklicher Genehmigung des Verlages gestattet. Alle Angaben wurden sorgfältig recherchiert, eine Garantie bzw. Haftung kann jedoch nicht übernommen werden.

Einleitungstext: Dipl. oec. troph. Dagmar Fronius-Gaier
Umschlaggestaltung: h3a GmbH, München
Typografischer Entwurf: Marion Feldmann

ISBN 978-3-8174-6790-7
381746790/5

WEIHNACHTSBÄCKEREI — ALLE JAHRE WIEDER!

REZEPTTEIL

Weihnachtsbäckerei – alle Jahre wieder!

Was gehört zu Weihnachten? Sicher der unvergleichliche Duft von Tannennadeln und das köstliche Aroma von frisch gebackenen Kuchen und Plätzchen. Die ersten Zeugnisse der Weihnachtsbäckerei, Rezepturen von Honigkuchen, Lebkuchen, Printen und Busserln, stammen aus dem Mittelalter. Damals wurde die weihnachtliche Backtradition besonders in Klöstern gepflegt, woran heute noch Namen wie »Nonnenkräpflein« oder »Thorner Kathrinchen« erinnern. Der Genuss einfacher Lebkuchen war auch in der Fastenzeit erlaubt.

Die vielfältigen exotischen Gewürze für die süßen Naschereien wurden aus dem Orient importiert. Man bezeichnete sie alle als Pfeffer, sodass sich der Name Pfefferkuchen für würzige Honigkuchen einbürgerte. Honig war zu dieser Zeit das einzige Süßungsmittel. Mit der Zeit ersetzte jedoch der Zucker den Honig und neue Teigrezepturen konnten entwickelt werden.

Nach der Erfindung der Oblate um 1860 entstand eine Vielfalt an köstlichen Kleingebäcksorten, die bis heute beliebten »bunten Plätzchen«. Und ein unbekanntes Backgenie hatte glücklicherweise den Zuckerguss erfunden, der zusammen mit bunten Liebesperlen den Spaß am Verzieren ermöglichte.

Heute weiß man beim Thema Plätzchen meist mehr über Kaloriengehalt als über altes Brauchtum. Dabei wird jedoch übersehen, dass der Genuss von Süßigkeiten in der dunklen Jahreszeit auch positive Auswirkungen auf Körper und Psyche hat. Denn jetzt helfen sie uns (natürlich in Maßen), unsere gute Stimmung zu behalten.

Plätzchen gibt es zwar in Hülle und Fülle zu kaufen – doch selbst gebacken schmecken sie immer noch am besten.

Grundteige

Mürbeteig

Mürbeteig ist knusprig und zugleich zart, trocken und trotzdem schmelzend. Das macht ihn für viele Gebäckarten geeignet.

Für das Grundrezept benötigt man 100 g Zucker, 200 g Butter, 300 g Mehl und ein Ei. Aufgrund der Gewichtsverhältnisse der Zutaten nennt man Mürbeteig auch 1-2-3-Teig.

Für die Zubereitung werden alle Zutaten auf einem großen Arbeitsbrett aufgehäuft und mit einem großen Messer durchgehackt. Die entstandenen groben Brösel werden dann rasch mit

Tipp

Mürbeteig immer mit kalter Butter oder Margarine zubereiten. Möglichst feinen Zucker verwenden, denn grobe Zuckerkörner bilden braune Punkte im Gebäck. Puderzucker macht Mürbeteig besonders zart und mürbe.

kühlen Händen verknetet und zu einer Kugel geformt. Diese sollte vor der weiteren Verarbeitung abgedeckt 30 Minuten im Kühlschrank ruhen. In Folie verpackt hält sich der Teig im Kühlschrank auch eine Woche frisch.

Damit Mürbeteig knusprig wird und der Zucker karamellisiert, wird das Gebäck bei 200–220 Grad gebacken. Da Mürbeteig besonders fettreich ist, muss das Backblech vorher nicht gebuttert werden.

Makronenteig

Makronen- oder Eiweißteig ist die Grundlage für zarte Makronenplätzchen. Er besteht aus Eiweiß, reichlich Zucker und gemahlenen Mandeln oder Nüssen anstelle von Mehl. Volumen und Luftigkeit werden durch den sehr steif geschlagenen Eischnee erzielt. Unter diesen wird nach und nach der Zucker gerührt. Die Konsistenz ist richtig, wenn die Eiweiß-Zucker-Masse schön glänzt und weiche Spitzen bildet. Die Nüsse oder Mandeln werden zum Schluss vorsichtig untergehoben.

Soll der Teig etwas fester und knackig werden, rührt man das Eiweiß ungeschlagen unter die trockenen Zutaten. Makronenteig wird in der Regel bei 130–150 Grad gebacken, manchmal eher getrocknet. Die Plätzchen sollen außen knusprig, innen noch weich und von heller Farbe sein.

Rührteig

Der fetthaltige Rührteig wird auch als Eischwer-Teig bezeichnet, da sich die Menge seiner Zutaten aus dem Gewicht der verwendeten Eier ergibt. Auf 250 g Eier (das sind ca. 4 Stück) nimmt man je 250 g Butter, Zucker und Mehl. Durch verschiedene weitere Zutaten wie z. B. Kakaopulver, gemahlene Nüsse und Gewürze lässt er sich leicht abwandeln. Seine Zubereitung ist einfach und auch für Anfänger kein Problem. Das Geheimnis für sein Gelingen liegt im ausgiebigen Rühren. Dadurch wird der Rührkuchen zart und saftig und bekommt eine feine Krume. Steif geschlagener Eischnee und Backpulver lockern den Teig auf. Die Backtemperatur liegt bei 180–200 Grad.

Hefeteig

Den Hefeteig scheut so mancher Hobbybäcker. Doch verfügt man über ausreichend Zeit, eine gleichmäßig geheizte Küche und Kenntnis über die richtige Behandlung von Hefe, dann wird dieser Teig sicher gelingen.

Die Mengen der Grundzutaten für Hefeteig (Mehl, Hefe, Zucker, Eier, Milch, Butter) variieren, je nachdem ob man z. B. einen Stollen oder einen einfachen Zopf zubereiten will.

Bei der klassischen Art der Hefeteigzubereitung wird das Mehl in eine Schüssel gesiebt, eine Mulde in die Mitte ge-

Tipp

Bei der Herstellung von Hefeteig Raumtemperatur gleichmäßig bei 21 Grad halten und Zugluft vermeiden. Alle Zutaten sollen die gleiche Temperatur haben – d. h. alle rechtzeitig aus dem Kühlschrank nehmen! Nur frische Hefe verwenden. Man erkennt sie an der seidig schimmernden Oberfläche und dem frischen, leicht säuerlichen Geruch. Milch, Butter, Zucker und Salz niemals direkt auf die Hefe geben, das bremst ihre Entwicklung.

drückt, die Hefe in wenig lauwarmer Milch aufgelöst und in der Mulde mit etwas Zucker und Mehl zu einem Vorteig verrührt. Nach 30 Minuten Ruhezeit an einem warmen Ort werden die restlichen Zutaten untergearbeitet, der Teig gründlich geknetet und ca. 1 Stunde abgedeckt an einen warmen Ort zum »Gehen« gestellt. Nach kurzem kräftigen Durchkneten ist er fertig für die Weiterverarbeitung. Verwendet man Trockenbackhefe, entfällt das Ansetzen des Vorteiges.

Honigkuchenteig

Honigkuchen- oder Lebkuchenteig ist ein »schwerer« Teig, der als Treibmittel Hirschhornsalz oder Pottasche benötigt. Die Hauptzutaten für diese sehr süßen Teige sind Honig und Zucker, der Fettgehalt ergibt sich weniger durch den Butter- oder Ölzusatz als durch die großzügigen Mengen an Mandeln und/oder Nüssen. Es gibt einfache und reichhaltige Lebkuchenteige, nie aber fehlen darin vielfältige Gewürze wie Zimt, Nelken, Kardamom, Muskat, Koriander, Ingwer und Piment. Für die Zubereitung werden als Erstes Honig, Zucker und Butter oder Öl unter Rühren erhitzt, bis sich der Zucker aufgelöst hat. Die restlichen Zutaten rührt man nach und nach unter die handwarm abgekühlte Masse, als Letztes das Mehl. Die Backtemperatur liegt bei ca. 180 Grad.

Zutaten für die Weihnachtsbäckerei

Süßmittel

Neben weißem Haushaltszucker, mit dem heute Gebäck vorwiegend gesüßt wird, gibt es für Weihnachtsgebäck eine Reihe alternativer Süßmittel, die Gebäck und Konfekt eine besondere Note geben.

Agavendicksaft

Der hellgelbe Sirup ist ein geschmacksneutrales Süßmittel und besteht zu 90 % aus Fruchtzucker, den die Leber ohne Insulin sofort zu Energie verarbeiten kann. Mit 308 Kilokalorien je 100 g ist er kalorienärmer als Haushaltszucker (400 Kilokalorien je 100 g). Dabei besitzt er eine um ca. 25 % höhere Süßkraft. Agavendicksaft kann ähnlich wie Honig verwendet werden.

Ahornsirup

Der hellbraune Sirup verleiht dem Gebäck ein feines karamellartiges Aroma. 100 g Ahornsirup enthalten rund 30 % weniger Saccharose als Haushaltszucker, bei etwa gleich starker Süßkraft.

Apfel- und Birnendicksaft

Die rot-golden schimmernden Fruchtsirupe geben Gebäck eine fruchtig-säuerliche Note. Ihre Süßkraft ist geringer als die von weißem Zucker, sie enthalten jedoch wertvolle Begleitstoffe.

Tipp

Lebkuchenteig zwischen zwei Lagen Frischhaltefolie ausrollen, dann klebt er nicht.

Lebkuchen schmecken am besten, wenn man sie 3–5 Tage in einer Blechdose gelagert hat.

Einige Apfelschnitze in die Dose legen, dann bleiben die Lebkuchen weich.

Haushaltszucker

Weißer Zucker ist der Nachfahre des Honigs. Chemisch ist er kristalline Saccharose – ein Zweifachzucker. Ursprünglich aus Zuckerrohr gewonnen, war Zucker teuer und kostbar. 1747 wurde der Rübenzucker entdeckt, der ab Mitte des 19. Jahrhunderts in großen Produktionsanlagen hergestellt wurde und den Honig als Süßmittel verdrängte. Schneeweißer Zucker ist die letzte Stufe der Raffination und ist ein neutrales Süßmittel ohne Eigenaroma.

Honig

Honig ist der naturbelassenste Süßstoff und auch das ursprüngliche Süßmittel für die Weihnachtsbäckerei. Im Mittelalter war er wesentlich billiger als Zucker. Es lassen sich grundsätzlich zwei Sorten unterscheiden: Blütenhonig, der von den Bienen aus Blütennektar gewonnen wird, und Blatt- oder Waldhonig, den die Bienen aus Honigtau herstellen. Honig kann Zucker in vielen Rezepten ersetzen. Für Gebäck genügt preiswerter Honig, der z. T. beim Abfüllen schon erhitzt wurde, wie sogenannter Backhonig. Erhitzte Honige erkennt man an einer dunkleren Tönung, als es der Sorte entspricht.

Kandierte Fruchtschalen

Orangeat und Zitronat (Sukkade) sind ungefärbte, unbehandelte kandierte Zitrusschalen. Das orangefarbene Orangeat wird aus den Schalen der Pomeranze, der Mutter der meisten Zitrusfrüchte, gewonnen. Es gibt auch Orangeat aus süßen Orangen, Pampelmusen- und Zitronenschalen. Die grüne Sukkade, verwirrenderweise manchmal auch Zitronat genannt, stammt von den Cedratfrüchten bzw. Zedern. Orangeat und Sukkade sind traditionelle Zutaten für Christstollen, Lebkuchen und italienischen Panettone, auch für türkischen Honig.

Trockenfrüchte

Getrocknetes Obst wie Rosinen, Sultaninen, Korinthen, Datteln, Feigen, Aprikosen und Pflaumen ist reich an Fruchtzucker und Mineralstoffen. Klein gehackt ist es Bestandteil zahlreichen Weihnachtsgebäcks, besonders von Früchtebrot und Stollen. Es empfiehlt sich, Trockenfrüchte vor Gebrauch in Wasser quellen zu lassen. Anschließend abbrausen, abtropfen lassen und auf Küchenpapier gut abtrocknen.

Vollrohrzucker

Dieser braune Zucker, auch unter dem Namen Sukkanat, Ursüße oder Rohrohrzucker im Handel, besteht aus reinem Zuckerrohrsaft, der lediglich schonend eingedickt und pulverisiert wird. Dadurch entsteht ein sehr gesundes Süßmittel mit einem hohen Anteil an wertvollen Mineralstoffen und Vitaminen. Durch die kristalline Struktur kann Vollrohrzucker ebenso wie

Tipp

Zum Plätzchenbacken oder Wenden von Plätzchen in Zucker feinkörnigen Zucker verwenden.
Puderzucker vor Verwendung immer durchsieben.
Hagelzucker ist dekorativ zum Verzieren.

Haushaltszucker dosiert werden. Seine Süßkraft ist geringfügig schwächer. Das intensiv würzige Eigenaroma ergänzt sich gut mit Gewürzen wie Zimt und Nelken, mit Haselnüssen und Kakaopulver oder Schokolade. Für helle Butterteige ist Rohrohrzucker weniger geeignet.

Zuckerrübensirup

Der süße Sirup mit dem ausgeprägten Eigengeschmack enthält 40–60 % Zucker, Vitamine (vor allem B-Vitamine) und Mineralstoffe. Er eignet sich für die Herstellung von würzigem Gebäck wie Früchtebrot und Lebkuchen.

Mehle und Flocken

Weizenmehl

Für die Weihnachtsbäckerei eignet sich Weizenmehl in den verschiedenen Typenzahlen. Der Ausmahlungsgrad des Mehles, als Typenzahl beziffert, bezeichnet die Mehlmenge im Verhältnis zum Gesamtgetreidegewicht. Je höher er ist, desto mehr gesunde Bestandteile enthält das Mehl. Type 405 beispielsweise enthält 405 mg Mineralstoffe auf 100 g Mehl, Type 1050 entsprechend 1050 mg Mineralstoffe. Mehlsorten mit hoher Typenzahl eignen sich besonders gut für Nuss-, Schokoladen- und Gewürzgebäck.

Dinkelmehl

Eine Beimischung von ca. einem Drittel Dinkelmehl verbessert die Teigstruktur von Hefeteig (z. B. für Christstollen) und macht diesen besonders locker. Der Vorzug von Dinkel ist sein hoher Klebergehalt, der maßgebend für die Backfähigkeit von Getreide ist.

Roggenmehl

Würziges Roggenmehl bzw. Roggenschrot werden vorwiegend für saftiges Früchtebrot mit Sauerteig verwendet. Ansonsten eignet sich Roggenmehl weniger gut für die Weihnachtsbäckerei.

Hafer

Großblättrige und kleinblättrige Haferflocken sowie Schmelzflocken eignen sich ausgezeichnet für Makronengebäck. Haferplätzchen sind besonders nahrhaft und können auch als Diätgebäck verwendet werden, denn Hafer ist das ernährungsphysiologisch wertvollste Getreide und somit besonders gut bekömmlich.

Mandeln, Nüsse und Samen

Viele weihnachtliche Rezeptklassiker sind reich an Mandeln und Nüssen. Das erklärt sich z. T. aus der praktischen Tatsache, dass die Herstellung in die winterliche Jahreszeit nach der Nussernte fällt, wenn die Kerne süß und noch nicht durch langes Lagern ranzig geworden sind.

Heute stehen uns neben Mandeln, Hasel- und Walnüssen auch zahlreiche Nüsse und Samen aus fernen Ländern in frischer Qualität zur Verfügung.

Erdnüsse

Die Erdnuss ist botanisch betrachtet keine Nuss, sondern der Same einer Hülsenfruchtpflanze. Daher ist sie weniger fettreich als die »richtigen Nüsse«. Als Gebäckzutat eignet sie sich geröstet und ungesalzen sowie als Erdnussbutter.

Haselnuss

Die Haselnuss ist als einheimische Pflanze eine der wichtigsten Zutaten für die Weihnachtsbäckerei. Sie entfaltet ein besonders feines Aroma, wenn man sie leicht röstet. Haselnüsse gibt es bereits gemahlen zu kaufen. Am besten schmecken sie jedoch frisch mit einer kleinen Nussmühle gemahlen.

Kokosnuss

Die Früchte der Kokospalme werden sechsmal im Jahr geerntet. Das getrocknete und zerkleinerte, sehr ölhaltige Fruchtfleisch wird als Kokosraspel oder -flocken angeboten. Ihr Geschmack ist zart und leicht süßlich. Kokosmakronen gehören zu den Klassikern auf dem Plätzchenteller. In Butter geröstet sind Kokosraspel übrigens auch eine delikate Beilage zu Fleisch, Fisch und Gemüse.

Makadamianuss

Die runden weißen Früchte sind die Kerne eines australischen Baumes, die heute u. a. in Hawaii gezüchtet werden. Die milden Makadamianüsse sind sehr kalorienreich, da sie besonders viel Fett und wenig Protein enthalten.

Mandeln

Mandeln gibt es in den drei Varianten Bitter-, Süß- und Krachmandel. Süße Mandeln gehören zu den Grundzutaten für die Weihnachtsbäckerei und sind auch ideal zum Verzieren von Lebkuchen und Plätzchen. Zuckerbäcker verwenden auch sogenannte grüne Mandeln, deren Schale noch nicht erhärtet ist. Bittermandeln enthalten das giftige Glykosid Amygdalin. Der Genuss von 5–10 Bittermandeln kann bereits gefährlich werden, deshalb Bittermandeln immer für Kinder unerreichbar lagern oder besser synthetisches Bittermandelöl verwenden!

Pecannuss

Die Steinfrüchte des amerikanischen Hickorybaumes sind eng mit den Walnüssen verwandt und können diese ersetzen. Mit 70 % sind sie extrem fetthaltig, weshalb sie nur etwa ein halbes Jahr lagerfähig sind.

Pinienkerne

Pinienkerne, die delikaten Samenkerne einer speziellen Pinie aus dem Mittelmeerraum, sind knapp und teuer. Nur Makadamianüsse sind noch teurer. Die weißen, cremig weichen fettglänzenden Kerne schmecken süß und mandelähnlich. Traditionelle Gebäckrezepte mit Pinienkernen kommen meist aus Italien.

Tipp

Gelagerte Kerne erhalten ihr Aroma wieder zurück, wenn man sie über Nacht in Milch ziehen lässt.

Pistazien

Die geschmacklich vage an Mandeln erinnernden Pistazien sind klassischer Bestandteil orientalischer Süßigkeiten. Die blassen Hülsen der Steinfrüchte springen erst nach dem Rösten auf. Die grünen fetthaltigen Kerne werden für Süßspeisen teilweise nachgefärbt, um einen schönen Farbkontrast zu erzielen. Gesalzene Pistazien sind für die Weihnachtsbäckerei ungeeignet.

Walnuss

Die aromatischen und fettreichen Walnusskerne gehören zu den einheimischen Nüssen. Walnussöl ist besonders gesund, da sehr reich an mehrfach und einfach ungesättigten Fettsäuren. Wer die Mühe nicht scheut, sollte Walnüsse in der Schale kaufen, denn die ist der beste Aromaschutz. Schimmlige Nüsse wegwerfen, da sie ein gefährliches Schimmelgift enthalten. Das gilt übrigens für alle Nüsse!

Gewürze

Für die Weihnachtsbäckerei benötigt man oft Gewürze, die nicht unbedingt ganzjährig im Vorratsschrank vorhanden sind. Am besten zur Backsaison rechtzeitig kleine Mengen einkaufen. Die wichtigsten Gewürze sind nachfolgend zusammengestellt.

Anis

Anissamen, zur Familie der Doldenblütler gehörig, sind ganz oder gemahlen erhältlich. Ihr Aroma ist süß aromatisch und leicht herb. Anis ist oft Bestandteil von Gewürzmischungen und passt gut zusammen mit Nelke, Vanille, Koriander und Ingwer. Anis wird sparsam dosiert, Ausnahme sind Springerle und Anisplätzchen.

Ingwer

Ingwer gibt es als frische Knolle oder pulverisiert. Da sein Aroma intensiv scharf-würzig bis süßlich-brennend ist, sollte Ingwer immer sparsam verwendet werden. In Leb- und Pfefferkuchen ist er klassische Gewürzzutat. Frische Wurzeln halten sich im Kühlschrank ca. 3 Wochen. Ingwer kann Gebäck in Pulver- oder kandierter, klein gehackter Form beigefügt werden.

Kardamom

Kardamom gehört neben Safran und Vanille zu den teuersten Gewürzen. Sein Geschmack ist feurig würzig, süßlich scharf und kräftig brennend. Da sich der hocharomatische Duft sehr leicht verflüchtigt, sollte Kardamom immer möglichst bald verbraucht werden.

Muskatnuss

Muskatnüsse, die Samenkerne des Muskatbaumes, gibt es ganz oder gemahlen zu kaufen. Das Aroma ist warm würzig bis feurig. Muskatnuss sollte sehr sparsam dosiert werden, oft genügt ein Hauch.

Tipp

Muskatnüsse für Kinder stets unerreichbar aufbewahren! Der Verzehr von 5–10 g kann bereits zu Vergiftungserscheinungen führen.

Nelke

Gemahlene Gewürznelken sind klassischer Bestandteil von Lebkuchengewürzmischungen sowie Punsch- und Glühweingewürz. Das Aroma ist stechend scharf, deshalb auch Nelkenpulver immer sparsam dosieren.

Piment

Piment heißt auch Nelkenpfeffer oder Allgewürz. Sein Aroma erinnert an Nelken, Zimt, Muskat und Pfeffer. Hocharomatisch, scharf-würzig und leicht süßlich rundet Piment das Aroma von Lebkuchengewürz ab. Er wird ganz und gemahlen angeboten.

Sternanis

Die hocharomatischen kleinen Sternfrüchte kann man ganz oder gemahlen kaufen. Der Geschmack ist anisähnlich, brennend würzig. Auch Sternanis ist Bestandteil von Gewürzmischungen für Weihnachtsgebäck und Glühwein. Zur Weihnachtszeit ist er auch als Bastelgewürz beliebt.

Vanille

Vanilleschoten sind die weichen, biegsamen, glänzend öligen Fruchtschoten einer Orchidee. Das Mark der getrockneten Schoten hat ein unvergleichlich feines, süßlich würziges Aroma. Da echte Vanille sehr teuer ist, werden verschiedene Alternativen angeboten: synthetisches Vanillearoma, Vanillezucker (mit echter Vanilleschote aromatisiert) und Vanillinzucker (mit synthetischem Vanillearoma hergestellt).

Zimt

Stangenzimt besteht aus der Rinde junger Triebe des Zimtstrauches (Kaneel). Die getrockneten gerollten Rindenstücke werden in ca. 8 cm lange Stücke geschnitten angeboten. Je dünner die Röllchen, desto feiner das süßliche, würzig feurige Aroma. Chinazimt (Kassia) stammt aus der Innenrinde der Äste und Stämme des Zimtbaumes. Zimtpulver wird vorwiegend aus Kassia- oder Kaneelbruch hergestellt.

Zitrone

Zitronenschalen werden für viele Plätzchensorten benötigt. Frisch gerieben sind sie von hoher Würzkraft. Es dürfen jedoch nur ungespritzte sowie chemisch unbehandelte (ungewachste) Zitronen verwendet werden.

Treibmittel

Für die Weihnachtsbäckerei benötigt man neben klassischem Backpulver auch Treibmittel für schwere Teige, die in der Vorweihnachtszeit im Handel sind.

Backpulver

Dieses Treib- und Lockerungsmittel ist vorwiegend für Mürbe- und Rührteige geeignet. Backpulver ist eine Mischung aus Natriumhydrogenkarbonat und sauren Natrium- und Kalzium-

Tipp

Zitronenschale (ebenso unbehandelte Orangenschale) auf Vorrat abreiben und mit Zucker gemischt in einem Glas im Kühlschrank aufbewahren.

Tipp

Vanilleschoten sind sehr geruchsempfindlich, deshalb sollten sie immer luftdicht verschlossen aufbewahrt werden.

salzen der Phosphorsäure. Beim Backen entsteht Kohlendioxid, das den Teig hochtreibt und dabei rückstandslos entweicht.

Hefe

Hefe ist ein Sprosspilz, der unter anaeroben, also sauerstofflosen Bedingungen, zum eigenen Energiebedarf Zucker zu Alkohol vergärt und dabei Kohlendioxid, Aromastoffe und Vitamine entwickelt. Das Kohlendioxid fördert die Teiglockerung.

Hirschhornsalz

Das weiße Pulver, das aus Ammoniumkarbonat und Ammoniumhydrogenkarbonat besteht, zerfällt bei Temperaturen über 60 Grad in Kohlendioxid, Ammoniak und Wasser. Es wird häufig als Treibmittel für dünne Gebäcke verwendet, bei denen der entstehende Ammoniak vollständig entweichen kann. Da das weiße Salz wasseranziehend ist, kommt es in Glasröhrchen in den Handel.

Natron

Natron ist ein weißes Pulver, bestehend aus Natriumhydrogenkarbonat. Es entwickelt beim Erhitzen Kohlendioxid, weshalb es als Treibmittel verwendet wird.

Pottasche

Pottasche ist ein weißes, kristallines, laugig schmeckendes Salz, bestehend aus Kaliumkarbonat. Es wird für Honigkuchen als Treibmittel verwendet.

Glasuren

Mit Zucker- und Schokoladenglasur schmecken Plätzchen und Lebkuchen doppelt so gut und bleiben zudem länger frisch.

■ Schokoladenglasur oder Kuvertüre gibt es fertig aus weißer, Bitter-, Halbbitter- und Vollmilchschokolade zu kaufen. Die Kuvertüre wird einfach in Stücke geteilt und im heißen, nicht kochenden Wasserbad unter Rühren langsam flüssig gemacht. Dabei darf kein Wasser in die Schokolade gelangen, da sie sonst sofort fest wird. Anschließend lässt man sie abkühlen, bis sie fast erstarrt ist und erwärmt sie abermals – erst dann ist sie gebrauchsfertig.

■ Glasuren mit Haselnüssen, Vanille- oder Zitronengeschmack werden ebenfalls als Fertigprodukte angeboten. Die Töpfchen werden einfach im Wasserbad erwärmt und sind schon gebrauchsfertig.

■ Für Zuckerglasuren wird gesiebter Puderzucker mit wenig Wasser oder Eiweiß gründlich verrührt. Die Glasur soll zäh und dickflüssig sein. Aus Geschmacks- oder Farbgründen kann man sie auch mit Zitronensaft, Himbeersirup, Rum oder Eierlikör anrühren. Die Plätzchen werden mit einem Pinsel gleichmäßig mit der Glasur bestrichen und zum Trocknen auf ein Kuchengitter gelegt.

Baumschmuck (Abb. S. 13)

Zutaten:
Für den Teig:
300 g Mehl
(z. B. von Aurora)
2 gestr. TL Backpulver
125 g Zucker
1 Päckchen
Vanillinzucker
4 EL Milch
125 g Butter
Für die Dekoration:
2 Eigelb
2–4 EL Milch
Mandeln, abgezogen
Cocktailkirschen
Hagelzucker
bunte Streusel
250 g Puderzucker
2 EL Zitronensaft
Pistazien, gehackt
rote Lebensmittelfarbe

Zubereitungszeit: 60 Min.
Ruhezeit: 60 Min.

1 Alle Teigzutaten rasch zu einem glatten Mürbeteig verkneten. Sollte er kleben, 30–60 Minuten kalt stellen. Teig dünn ausrollen, verschiedene Formen (z. B. Stern, Tannenbaum, Kringel, Herz) ausstechen und auf ein mit Backpapier ausgelegtes Backblech legen. Mit einem Schaschlikspieß kleine Löcher für die Bänder einstechen.

2 Plätzchen, die keinen Guss erhalten sollen, vor dem Backen mit Eigelb einstreichen. Dazu 2 Eigelb mit Milch verquirlen und mit dem Backpinsel auf die Plätzchen streichen. Nach Geschmack z. B. mit ganzen Mandeln, in Achtel geschnittenen Cocktailkirschen, Hagelzucker oder bunten Streuseln verzieren.

3 Im vorgeheizten Ofen bei 170–200 Grad 10–12 Minuten backen. Plätzchen sofort vom Backblech lösen, mit der Unterseite auf Backpapier legen und erkalten lassen.

4 Für Plätzchen mit Zuckerguss 250 g Puderzucker mit Zitronensaft verrühren, mit einem Backpinsel auf die Plätzchen streichen. Nach Geschmack z. B. mit Pistazien bestreuen. Für roten Guss einige Tropfen rote Lebensmittelfarbe unterrühren.

5 Ergibt ca. 60 Stück.

Nährwerte pro Stück:
40/175 kcal/kJ
1 g EW, 2 g F, 6 g KH

Heidesand

Zutaten:
200 g Butter
80 g Puderzucker
50 g Marzipan
1 TL Vanillinzucker
1/2 TL abgeriebene Zitronenschale (unbehandelt)
250 g Mehl
1 Eigelb, Zucker

Zubereitungszeit: 30 Min.
Ruhezeit: 12 Std.

Nährwerte pro Stück:
78/328 kcal/kJ
1 g EW, 4 g F, 8 g KH

1 Weiche Butter mit Puderzucker, Marzipan, Vanillinzucker und Zitronenschale verrühren. Mehl darübersieben und unterkneten.

2 Aus dem Teig mehrere Rollen von 5 cm Durchmesser formen, in Folie einschlagen und über Nacht in den Kühlschrank stellen. Am nächsten Tag Ofen auf 190 Grad vorheizen.

3 Teigrollen aus der Folie nehmen, mit Eigelb bestreichen und in Zucker rollen. Dann in 1/2 cm dicke Scheiben schneiden und nebeneinander auf ein Backblech legen. Teigscheiben auf mittlerer Schiene 8–10 Minuten goldgelb backen. Vom Blech heben und auf einem Kuchengitter auskühlen lassen.

4 Ergibt ca. 30 Stück.

Zutaten:
2 Eiweiß
100 g Zucker
1 Päckchen
Vanillezucker
1/2 TL Zimt
75 g Haselnüsse,
gemahlen
85 g kernige
Haferflocken
1–2 Tropfen
Bittermandelöl
Fett fürs Blech
30 Haselnusskerne

Zubereitungszeit: 15 Min.

Nährwerte pro Stück:
55/230 kcal/kJ
1 g EW, 3 g F, 6 g KH

Knackige Nussmakronen

1 Backofen auf 150 Grad vorheizen. Eiweiß mit dem Handrührgerät steif schlagen, dabei langsam den Zucker einrieseln lassen. Restliche Zutaten bis auf die Haselnusskerne nach und nach vorsichtig unter den Eischnee heben.

2 Mit 2 angefeuchteten Teelöffeln Nocken vom Teig abstechen und in kleinen Häufchen mit ausreichend Abstand auf ein gefettetes Backblech geben. Je 1 Haselnuss in die Mitte jedes Teighäufchens geben, Blech in den Ofen schieben und Kekse ca. 20 Minuten backen.

3 Makronen auf dem Blech leicht abkühlen lassen, vorsichtig vom Blech lösen und auf einem Kuchengitter vollständig auskühlen lassen.

4 Ergibt ca. 30 Stück.

Pfeffernüsse

Zutaten:
50 g Zitronat
2 Eier
200 g Zuckerrohr-
granulat
1 gestr. TL Hirsch-
hornsalz
abgeriebene Schale
von 1 Zitrone
(unbehandelt)
1/4 TL weißer Pfeffer
aus der Mühle
je 1 Msp. Nelken-,
Kardamom-, Muskat-
und Pimentpulver
1 TL Zimt
250 g Vollkornmehl
100 g Hafermehl
4 EL Milch
Butter für das Backblech
Mehl für die
Arbeitsfläche

Zubereitungszeit:
45 Min.

Nährwerte pro Stück:
23/96 kcal/kJ
1 g EW
0,5 g F
5 g KH

1 Zitronat fein hacken. Eier mit dem Zuckergranulat schaumig rühren. Hirschhornsalz in wenig kaltem Wasser auflösen und mit der Zitronenschale sowie allen Gewürzen unter die Eiermasse mischen. Vollkornmehl, Hafermehl und Zitronat über die Schaummasse streuen und mit der Milch unter den Teig kneten.

2 Backofen auf 200 Grad vorheizen. Das Backblech mit Butter einfetten. Teig 1 cm dick auf der bemehlten Arbeitsfläche ausrollen, daraus Kreise von 3 cm Durchmesser ausstechen und auf das Backblech legen. Auf mittlerer Einschubleiste ca. 15 Minuten backen.

3 Pfeffernüsse vom Blech nehmen und auf einem Kuchengitter auskühlen lassen.

4 Ergibt ca. 100 Stück.

Zutaten:
250 g Mehl
2 Eigelb
125 g Zucker
1 Prise Salz
abgeriebene Schale von
1/2 Orange
(unbehandelt)
Mark von 1 Vanilleschote
1/2 Fläschchen Bitter-
mandelaroma
3 cl Mandellikör
200 g Mandeln, gemahlen
200 g Butter
4 EL Orangenmarmelade
150 g Zartbitterkuvertüre
3 EL weiße Kuvertüre

Zubereitungszeit:
30 Min.
Ruhezeit:
60 Min.

Nährwerte pro Stück:
149/625 kcal/kJ
2 g EW
10 g F
12 g KH

Mandellikörkugeln

1 Mehl in eine Schüssel sieben, eine Vertiefung hineindrücken. Zutaten bis einschließlich Mandellikör dazugeben.

2 Mandeln und Butter in Flocken darüber verteilen und alles zu einem glatten Teig verkneten. In Folie wickeln und ca. 1 Stunde kalt stellen.

3 Teig zu kleinen Kugeln rollen, auf ein mit Backpapier ausgelegtes Backblech legen und etwas andrücken. Im vorgeheizten Backofen bei 200 Grad ca. 15 Minuten backen, anschließend abkühlen lassen.

4 Jeweils 2 Plätzchen mit etwas Orangenmarmelade an den flachen Seiten zusammensetzen.

5 Kuvertüren getrennt im Wasserbad schmelzen. Plätzchen zur Hälfte mit dunkler Kuvertüre überziehen.

6 Helle Kuvertüre in eine kleine Papierspritztüte füllen und Plätzchen mit feinen Streifen verzieren. Plätzchen trocknen lassen und nach Wunsch in Pralinenförmchen setzen.

7 Ergibt ca. 35 Stück.

Zutaten:
400 g Mehl
1/4 TL Backpulver
1 TL Ingwer, gemahlen
100 g Zucker
100 g Honig
100 g Sirup
150 g Butter
Mehl zum Ausrollen
1 Eiweiß, verquirlt
100 g Mandeln, gehobelt

Zubereitungszeit:
30 Min.
Ruhezeit:
30 Min.

Honigplätzchen (Abb. oben links)

1 Mehl, Backpulver, Ingwer und Zucker vermischen. In die Mitte eine Vertiefung drücken, Honig und Sirup hineingeben und kalte Butter in kleinen Stücken darauf verteilen.

2 Alles von innen nach außen zügig zu einem glatten Teig verkneten und diesen ca. 30 Minuten kühl stellen.

3 Ofen auf 200 Grad vorheizen. Teig auf einer bemehlten Arbeitsfläche ca. 1/2 cm dick ausrollen, beliebige Formen ausstechen, mit Eiweiß bestreichen und mit Mandeln bestreuen.

4 Auf ein mit Backpapier belegtes Backblech legen und ca. 10 Minuten backen.

5 Ergibt ca. 55 Stück.

Nährwerte pro Stück:
80/333 kcal/kJ
1 g EW, 3 g F, 11 g KH

Zutaten:
250 g Mehl
100 g Haselnüsse,
gerieben
2 EL Kakaopulver
125 g Puderzucker
2 Eier

Klosterkipferl (Abb. oben rechts)

1 Mehl, Nüsse, Kakaopulver und Puderzucker vermischen. In die Mitte eine Vertiefung drücken. 1 Ei trennen, Eigelb mit anderem Ei sowie Butterstückchen in die Mulde geben. Von innen nach außen verkneten und ca. 30 Minuten kühl stellen.

2 Ofen auf 200 Grad vorheizen. Teig vierteln, zu Rollen von 2 cm Durchmesser formen und in 5 cm lange Stücke schneiden. Diese zu Kipferln formen.

3 Auf ein mit Backpapier ausgelegtes Backblech legen und 10–15 Minuten backen, gut auskühlen lassen. Glasur auflösen und Kipferl damit nach Wunsch bestreichen.

4 Ergibt ca. 50 Stück.

Nährwerte pro Stück:
80/333 kcal/kJ
1 g EW, 4 g F, 9 g KH

150 g kalte Butter
je 1 Päckchen
Schokoladen- und
Haselnussglasur

Zubereitungszeit:
30 Min.
Ruhezeit:
30 Min.

Cappuccinokipferl

1 Cappuccinopulver mit 50 ml kochendem Wasser verrühren, abkühlen lassen. Mehl mit Nüssen, Zucker und Salz vermischen. Butter in Flöckchen sowie Cappuccino unter den Teig kneten und zugedeckt 1 Stunde kalt stellen.

2 Backofen auf 180 Grad vorheizen. Teig in 1 cm dicke und 6 cm lange Rollen und dann zu Kipferln formen. Die Kipferl auf ein mit Backpapier ausgelegtes Backblech legen und 8–10 Minuten backen.

3 Auskühlen lassen und nach Belieben mit Kuvertüre, Mokkabohnen und Hagelzucker garnieren.

4 Ergibt ca. 40 Stück.

Zutaten:
4 EL Cappuccinopulver
(Instant)
300 g Mehl
(z. B. von Goldpuder)
50 g Mandeln, gemahlen
50 g Haselnüsse,
gemahlen
100 g Zucker
1 Prise Salz
200 g Butter
Kuvertüre,
Mokkabohnen
und Hagelzucker nach
Belieben zum Verzieren

Zubereitungszeit:
35 Min.
Ruhezeit:
60 Min.

Nährwerte pro Stück:
92/385 kcal/kJ
1 g EW
6 g F
8 g KH

Zutaten:
Für den Teig:
125 g Butter
75 g Puderzucker
1 Eigelb
Mark von
1 Vanilleschote
120 g Mehl
60 g kernige
Haferflocken
Salz
Für die Füllung:
220 g Haselnüsse,
gehackt
150 g Zucker
40 g Sahne
150 g Butter
1 EL Honig
1 Ei
3 EL Mehl
1 EL Haferflocken
Butter für die Förmchen
Für die Glasur:
50 g kernige
Haferflocken
15 g Butter
3 EL Zucker
150 g Nugat
70 g Sahne

Zubereitungszeit:
30 Min.
Ruhezeit:
60 Min.

Nährwerte pro Stück:
526/2202 kcal/kJ
7 g EW
34 g F
48 g KH

Kernige Nusstörtchen

1 Zutaten für den Teig verkneten und 1 Stunde kalt stellen.

2 Für die Füllung Haselnüsse in einer beschichteten Pfanne ohne Fett bräunen. Zucker, Sahne und Butter 10 Minuten vorsichtig einkochen lassen. Haselnüsse sowie Honig dazugeben und Masse kurz aufkochen.

3 Nach dem Abkühlen Ei, Mehl und Haferflocken unterkneten. Teig dünn auf einer bemehlten Arbeitsfläche ausrollen und 12 Kreise von ca. 9 cm Durchmesser ausstechen. Metallförmchen buttern und damit auslegen.

4 Im vorgeheizten Ofen bei 200 Grad 10 Minuten vorbacken. Dann mit der Haselnussmasse füllen. Backofen auf 180 Grad schalten und die Törtchen weitere 30 Minuten backen.

5 Für die Glasur Haferflocken mit Butter und Zucker rösten.

6 Nugat im Wasserbad schmelzen, Sahne einrühren. Törtchen aus der Form lösen, mit der Nugatmasse bestreichen und mit gerösteten Haferflocken bestreuen.

7 Ergibt 12 Stück.

Dominosteine

1 Honig mit Butter und Ei in einer Schüssel schaumig schlagen. Mehl mit Lebkuchengewürz, Salz, Kakao, Backpulver und Zitronenschale vermischen und mit der Milch unter die Butter-Honig-Masse rühren.

2 Backblech zur Hälfte mit Backpapier auslegen und in der Mitte des Blechs das Papier so falten, dass eine hohe Kante entsteht. Teig auf das Papier streichen und im vorgeheizten Backofen bei 160 Grad 12–15 Minuten backen.

3 Teigplatte auskühlen lassen, dann waagerecht halbieren. Jede Teighälfte mit Fruchtaufstrich bestreichen. Marzipan mit Orangenlikör oder -saft verkneten und zwischen Frischhaltefolie in Größe der Teigplatte ausrollen. Marzipanplatte zwischen den Teig legen und leicht andrücken.

4 Teigplatte in ca. 2 x 2 cm große Würfel schneiden. Schokolade im Wasserbad erhitzen. Würfel mit einer Pralinen- oder Kuchengabel in die geschmolzene Schokolade tauchen und komplett überziehen. Dominosteine zum Trocknen auf Backpapier setzen. Weiße Schokolade ebenfalls schmelzen und die Dominosteine nach Belieben damit verzieren.

5 Ergibt 40 Stück.

Zutaten:
125 g Vielblütenhonig
35 g Butter
1 Ei
150 g Dinkelmehl
Type 630
1/2 TL Lebkuchen-
gewürz
1 Prise Salz
1 TL Kakaopulver
1 geh. TL Weinstein-
Backpulver
abgeriebene Schale von
1/2 Zitrone
(unbehandelt)
1 EL Milch
1 Glas Fruchtaufstrich
Marille extrafein
(z. B. von Alnatura)
150 g Marzipan
1 EL Orangenlikör
(oder Orangensaft)
300 g feine
Bitterschokolade
50 g weiße Schokolade

Zubereitungszeit:
60 Min.

Nährwerte pro Stück:
101/423 kcal/kJ
2 g EW
3 g F
16 g KH

Zutaten:
75 g Rosinen
1/8 l Rum
150 g Butter oder
Margarine
150 g Zucker
2 Eigelb
1 Prise Salz
200 g Mehl
100 g Haselnüsse,
gemahlen
100 g Preiselbeeren
(Glas)
50 g Puderzucker

Nährwerte pro Stück:
138/581 kcal/kJ
1 g EW
7 g F
15 g KH

Nussbusserl

1 Rosinen über Nacht in Rum einlegen.

2 Butter oder Margarine, Zucker, Eigelb, Salz, Mehl und Haselnüsse rasch verkneten und den Teig 1 Stunde kalt stellen. Aus dem Teig mehrere 1,5 cm dicke Rollen formen, in dünne Scheiben schneiden und daraus Kugeln formen.

3 Auf ein mit Backpapier belegtes Blech legen, leicht andrücken und im vorgeheizten Backofen bei 200 Grad ca.

15 Minuten backen. Plätzchen abkühlen lassen.

4 Preiselbeeren mit den Rumrosinen pürieren, die glatte Seite der Halbkugeln mit dem Püree bestreichen und jeweils 2 Busserl zusammensetzen. Mit Puderzucker bestreuen.

5 Ergibt ca. 30 Stück.

Zubereitungszeit:
30 Min.
Ruhezeit:
60 Min.

Anisplätzchen

1 Backbleche mit Fett bestreichen und mit Mehl bestäuben.

2 Eier trennen. Eigelb mit Puderzucker, Salz und Vanillinzucker schaumig rühren. Eiweiß zu steifem Schnee schlagen und mit der Eigelbmasse mischen. Gesiebtes Mehl mit Anis mischen und unter die Schaummasse heben.

3 Teig in einen Spritzbeutel mit Lochtülle füllen und auf die Backbleche kleine Plätzchen spritzen. Über Nacht bei Raumtemperatur trocknen lassen.

4 Backofen auf 150 Grad vorheizen. Anisplätzchen, mit Pergamentpapier bedeckt 20–25 Minuten backen. In den ersten 20 Minuten die Backofentür nicht öffnen! Die Plätzchen sind fertig, wenn der Boden leicht zu bräunen beginnt, die Häubchen aber noch fast weiß sind.

5 Anisplätzchen abkühlen lassen. 2–3 Wochen in Dosen kühl lagern, damit sie etwas weicher werden.

6 Ergibt ca. 35 Stück.

Zubereitungszeit:
30 Min.
Ruhezeit:
12 Std.

Zutaten:
Butter und Mehl für
das Blech
4 Eier
250 g Puderzucker
1 Prise Salz
3 Päckchen
Vanillinzucker
300 g Mehl
1 EL Anis, gemahlen

Nährwerte pro Stück:
72/304 kcal/kJ
2 g EW
1 g F
1 g KH

Schmandsterne

1 Eigelb mit Zucker und Vanillinzucker mit dem Handrührgerät dickschaumig rühren. Saure Sahne unterheben.

2 Mehl mit Backpulver vermischt in eine Schüssel sieben, in die Mitte eine Mulde drücken. Eimasse hineingeben und Butter in Flöckchen am Rand verteilen. Alles zu einem glatten Teig verkneten und ca. 1 Stunde kalt stellen. Auf bemehlter Arbeitsfläche dünn ausrollen und mit einer Plätzchenform Sterne ausstechen.

3 Auf ein mit Backpapier ausgelegtes Backblech geben und im vorgeheizten Ofen bei 200 Grad ca. 10 Minuten backen. Mit Puderzucker bestäuben.

4 Ergibt ca. 35 Stück.

Zubereitungszeit:
30 Min.
Ruhezeit:
60 Min.

Nährwerte pro Stück:
55/230 kcal/kJ
1 g EW, 2 g F, 9 g KH

Zutaten:
1 Eigelb
125 g Zucker
3 Päckchen Vanillinzucker
4 EL saure Sahne
200 g Mehl
1 Msp. Backpulver
4 EL Butter
Mehl für die Arbeitsfläche
Puderzucker zum Bestäuben

Safranrondos mit Pistazien

Zutaten:
2 EL Orangensaft
1 Döschen
Safranpulver
200 g Mehl
1 TL Backpulver
100 g Zucker
1 Eigelb
100 g kalte Butter
125 g Nussnugat
125 g Puderzucker
1 Eiweiß
2–3 EL Pistazien,
gehackt

Zubereitungszeit:
60 Min.
Ruhezeit:
30 Min.

Nährwerte pro Stück:
107/450 kcal/kJ
1 g EW
5 g F
15 g KH

1 Orangensaft erhitzen und die Hälfte des Safranpulvers einrühren, auskühlen lassen.

2 Mehl, Backpulver, Zucker, Eigelb, Butter in Flöckchen und Orangensaft rasch zu einem Teig verkneten. In Folie wickeln und 30 Minuten kalt stellen.

3 Teig auf einer bemehlten Arbeitsfläche dünn ausrollen und mit einem Ausstecher Blumen ausstechen. Aus der Hälfte der Plätzchen mit einem kleineren Ausstecher Löcher ausstechen. Auf ein gefettetes Backblech legen und im vorgeheizten Backofen bei 200 Grad ca. 10 Minuten goldgelb backen.

4 Auf einem Kuchengitter auskühlen lassen. Für die Dekoration Nugat bei geringer Hitze schmelzen. Die Plätzchen ohne Loch mit dem Nugat bestreichen, die anderen daraufsetzen. Puderzucker, Eiweiß und restliches Safranpulver verrühren und die Plätzchen damit bestreichen. Pistazien daraufstreuen.

5 Ergibt ca. 30 Stück.

Zutaten:
250 g Mehl
200 g Mandeln,
gemahlen
1 Prise Salz
125 g Zucker
2 Eigelb
200 g Rama
Mark von
1 Vanilleschote
125 g Puderzucker

Zubereitungszeit:
45 Min.
Ruhezeit:
30 Min.

Nährwerte pro Stück:
93/389 kcal/kJ
2 g EW
6 g F
9 g KH

Vanillekipferl

1 Mehl, Mandeln und Salz in einer Schüssel mischen. In die Mitte eine Vertiefung drücken. Zucker und Eigelb hineingeben. Margarine in Stücke schneiden und zugeben. Alles mit einem großen Messer durchhacken, damit sich die feuchten und trockenen Teile verbinden. Mit den Händen schnell zu einem glatten Teig verkneten.

2 Teig in Folie einwickeln und 30 Minuten kühl legen. Aus dem Teig Rollen von ca. 2 cm Durchmesser formen und in ca. 1 cm schmale Scheiben schneiden. Aus den Scheiben kleine Hörnchen formen. Auf ein mit Backpapier ausgelegtes Backblech legen und im vorgeheizten Ofen bei 175 Grad 12–15 Minuten hell backen.

3 Vanillemark und Puderzucker mischen. Die Kipferl noch lauwarm darin wälzen.

4 Ergibt ca. 50 Stück.

Pinienherzen

Zutaten:
1 Vanilleschote
200 g Mehl
50 g Speisestärke
100 g Mandeln, gemahlen
75 g Zucker
150 g Margarine (z. B. von Sanella)
1 Ei
Mehl zum Ausrollen
1 Eiweiß
75 g Puderzucker
100 g Pinienkerne

Zubereitungszeit:
30 Min.
Ruhezeit:
60 Min.

Nährwerte pro Stück:
84/351 kcal/kJ
2 g EW
5 g F
8 g KH

1 Vanilleschote der Länge nach aufschlitzen und das Mark herauskratzen.

2 Für den Mürbeteig Vanillemark, Mehl, Speisestärke, Mandeln, Zucker, Margarine und Ei rasch verkneten und Teig in Folie gewickelt 1 Stunde kalt stellen. Teig auf etwas Mehl dünn ausrollen und Herzen ausstechen. Auf mit Backpapier ausgelegte Backbleche legen.

3 Für das Baiser Eiweiß steif schlagen, nach und nach gesiebten Puderzucker vorsichtig unterrühren. Herzen mit dem Baiser bestreichen. Pinienkerne darauf verteilen. Plätzchen im vorgeheizten Backofen bei 180 Grad 15–20 Minuten backen.

4 Ergibt ca. 45 Stück.

.

Florentiner

Zutaten:
1/8 l Milch
100 g Honig
115 g Butter
100 g kernige
Haferflocken
50 g Orangeat
100 g Mandeln,
gehackt
1 TL abgeriebene
Zitronenschale
(unbehandelt)
Mehl für die
Arbeitsfläche
100 g dunkle
Kuchenglasur
100 g Halbbitter-
kuvertüre

Zubereitungszeit:
40 Min.

Nährwerte pro Stück:
94/392 kcal/kJ
2 g EW
6 g F
8 g KH

1 Milch, Honig und 100 g Butter in einem Topf unter Rühren 4–5 Minuten durchkochen lassen. Haferflocken in der restlichen Butter leicht anrösten. Orangeat fein hacken, mit Haferflocken, Mandeln und Zitronenschale unter die Honigmilch rühren. Masse erkalten lassen.

2 Backbleche mit Backpapier auslegen. Metallring von ca. 6 cm Durchmesser ausspülen, auf ein Blech setzen und 1–2 TL Nussmasse einfüllen. Mit dem Löffelrücken flach drücken, Ring entfernen und die restliche Masse auf die gleiche Weise auf dem Blech verteilen.

3 Backofen auf 175 Grad vorheizen, Blech in den Ofen schieben und Florentiner 10–12 Minuten backen. Auf dem Blech gut auskühlen lassen.

4 Kuchenglasur und Kuvertüre grob hacken, im Wasserbad schmelzen, gut verrühren und mit einem Messer oder einer Palette auf die Unterseite der Florentiner streichen. Schokolade fest werden lassen.

5 Florentiner zwischen Lagen von Pergamentpapier in einer Blechdose aufbewahren.

6 Ergibt 35 Stück.

Zutaten:
380 g Mehl
125 g Zucker
1 Päckchen
Vanillinzucker
250 g Margarine
Mehl zum Ausrollen
Fett für das Blech
100 g Himbeer-
konfitüre
100 g Puderzucker
Saft von 1 Zitrone

Zubereitungszeit:
30 Min.
Ruhezeit:
60 Min.

Nährwerte pro Stück:
113/472 kcal/kJ
1 g EW
5 g F
15 g KH

Spitzbuben

1 Mehl auf die Arbeitsfläche sieben, in die Mitte eine Mulde drücken und Zucker sowie Vanillinzucker einstreuen. Margarine in Stückchen auf dem Mehlrand verteilen. Alles rasch zu einem Mürbeteig verkneten und zugedeckt 1 Stunde kühl stellen.

2 Teig halbieren. Auf bemehlter Arbeitsfläche 1/2 cm dick ausrollen und mit einem Backförmchen oder einem Glas von 3 cm Durchmesser runde Plätzchen ausstechen. Auf ein gefettetes Blech legen. Plätzchen auf mittlerer Schiene im vorgeheizten Ofen bei 190 Grad 10–12 Minu-

ten backen. Auf einem Kuchengitter auskühlen lassen.

3 Restlichen Teig genauso verarbeiten. Die Hälfte der ausgekühlten Plätzchen mit Konfitüre bestreichen, jeweils mit einem unbestrichenen Plätzchen bedecken.

4 Gesiebten Puderzucker mit 2 EL heißem Wasser und Zitronensaft glatt rühren. Oberfläche der Plätzchen damit glasieren.

5 Ergibt ca. 40 Stück.

Tipp

Nach Wunsch aus der Hälfte der ungebackenen Kekse Kreise ausstechen und diese beim Zusammensetzen obenauf geben, damit die Konfitüre durchscheint.

Schoko-Ingwer-Plätzchen

1 50 g Schokolade hacken, den Rest im Wasserbad schmelzen.

2 Ingwer schälen und durch eine saubere Knoblauchpresse drücken. Pistazien fein hacken.

3 Mehl, Vanillinzucker, Anis, durchgepressten Ingwer, Orangenschale, gehackte Pistazien und gehackte Schokolade vermischen.

4 Geschmolzene, wieder abgekühlte Schokolade sowie Butter in Würfeln dazugeben, zu einem festen Teig verkneten und ca. 1 Stunde kühl stellen.

5 Backofen auf 180 Grad vorheizen. Aus dem Teig walnussgroße Kugeln formen, flach drücken, auf ein mit Backpapier ausgelegtes Blech legen, mit jeweils 1 Pistazie verzieren und 10–15 Minuten backen.

6 Puderzucker mit gemahlenem Ingwer mischen und erkaltete Plätzchen damit bestäuben.

7 Ergibt ca. 40 Stück.

Zutaten:
150 g weiße Schokolade
1 kleines Stück Ingwer (ca. 3 cm)
1 EL Pistazienkerne
300 g Mehl
1 Päckchen Vanillinzucker
1/2 TL Anis, gemahlen (z. B. von Ostmann)
abgeriebene Schale von 1/2 Orange (unbehandelt)
180 g Butter
ca. 50 Pistazienkerne zum Verzieren
2 EL Puderzucker
1/2 TL Ingwer, gemahlen

Zubereitungszeit:
25 Min.
Ruhezeit:
60 Min.

Nährwerte pro Stück:
89/373 kcal/kJ
1 g EW
6 g F
9 g KH

Tipp
Die Schoko-Ingwer-Plätzchen in einer hübschen Vase oder einem anderen Glasgefäß aufstapeln, mit etwas Engelshaar dekorieren und mit einer Schleife verziert verschenken.

Zutaten:
250 g Butter
250 g Zucker
1 Päckchen
Vanillinzucker
1 Prise Salz
1 Ei
abgeriebene Schale von
1 Zitrone (unbehandelt)
500 g Mehl
Fett für das Blech
100 g Kuvertüre
50 g Kokosraspel

Zubereitungszeit: 30 Min.
Ruhezeit: 30 Min.

Nährwerte pro Stück:
80/336 kcal/kJ
1 g EW
4 g F
10 g KH

Spritzgebäck (Abb. oben links)

1 Weiche Butter, Zucker,
Vanillinzucker und Salz schaumig rühren. Ei zufügen. Abgeriebene Zitronenschale mit
Mehl vermischen und nach
und nach unter die Butter-
Zucker-Masse rühren. Teig
ca. 30 Minuten ruhen lassen.

2 Teig in einen Spritzbeutel geben und kleine Häufchen
auf ein gefettetes Backblech

spritzen. Spritzgebäck im vorgeheizten Ofen bei 175 Grad
10–15 Minuten goldgelb backen.

3 Gebäck abkühlen lassen.
Kuvertüre nach Packanweisung
im Wasserbad schmelzen, die
Hälfte der Plätzchen damit bestreichen und mit Kokosflocken
bestreuen.

4 Ergibt 70 Stück.

Mandelecken (Abb. oben mittig)

Zutaten:
50 g Mandeln,
gemahlen
200 g Mehl
1 Ei, 100 g Butter
1 Prise Salz
100 g Zucker
1 Päckchen
Vanillinzucker

1 Mandeln mit Mehl vermischen, auf eine Arbeitsfläche
geben und in die Mitte eine Vertiefung drücken. Ei hineingeben,
Butter in Flöckchen, Salz, Zucker
und Vanillinzucker an den Rand

streuen und alles von außen
nach innen rasch zu einem festen Teig verkneten. In Frischhaltefolie verpackt ca. 30 Minuten kalt stellen.

2 Teig auf einer bemehlten Arbeitsfläche ca. 3 cm dick ausrollen und Rauten ausschneiden. Diese mit Eigelb bestreichen und jeweils 1 Mandel daraufsetzen.

3 Plätzchen auf ein gefettetes Backblech legen und im vorgeheizten Ofen bei 200 Grad ca. 10 Minuten backen.

4 Ergibt ca. 30 Stück.

Nährwerte pro Stück:
87/365 kcal/kJ
2 g EW, 5 g F, 9 g KH

Caipirinha-Figuren (Abb.)

1 Mehl, Butter, Zucker, Salz, Eigelb und 1 EL kaltes Wasser zu einem geschmeidigen Teig verkneten. Limettenschale nach Geschmack einarbeiten. Teig in Folie wickeln und 30 Minuten im Kühlschrank ruhen lassen.

2 Teig auf der bemehlten Arbeitsfläche 5 mm dick ausrollen und mit Stern- und Mondformen Plätzchen ausstechen. Figuren auf ein mit Backpapier ausgelegtes Blech geben und bei 175 Grad 8–10 Minuten backen. Plätzchen auskühlen lassen.

3 Puderzucker mit Cachaça und Limettensaft glatt rühren und die erkalteten Figuren damit bestreichen. Nach Wunsch mit Limettenschale und braunem Zucker dekorieren.

4 Ergibt ca. 30 Stück.

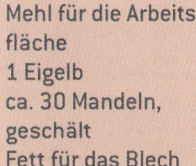

Mehl für die Arbeitsfläche
1 Eigelb
ca. 30 Mandeln, geschält
Fett für das Blech

Zubereitungszeit: 30 Min.
Ruhezeit: 30 Min.

Zutaten:
160 g Mehl Type 405
(z. B. von Aurora)
100 g kalte Butter
60 g Zucker
1 Prise Salz
1 Eigelb
1 TL abgeriebene Limettenschale (unbehandelt)
Mehl für die Arbeitsfläche
75 g Puderzucker
2 EL Cachaça
1 EL Limettensaft
Limettenschale und brauner Zucker

Zubereitungszeit:
25 Min.

Nährwerte pro Stück:
70/285 kcal/kJ
1 g EW
4 g F
8 g KH

Orangen-Schoko-Plätzchen

Zutaten:
100 g Zartbitter-
schokolade
125 g Butter
125 g Zucker
1 Prise Salz, 1 Ei
abgeriebene Schale von
1 Orange (unbehandelt)
200 g Mehl
1 TL Backpulver
Mehl für die
Arbeitsfläche
100 g Puderzucker
2–3 EL Orangensaft

Zubereitungszeit:
30 Min.
Ruhezeit:
2 Std.

1 Schokolade grob raspeln. Butter mit Zucker, Salz, Ei und Orangenschale verkneten. Mehl mit Backpulver mischen und darübersieben, Schokolade zugeben und alles rasch zu einem geschmeidigen Teig verkneten.

2 Teig zu einer Kugel formen und in Frischhaltefolie gewickelt 2 Stunden im Kühlschrank ruhen lassen. Backofen auf 200 Grad vorheizen.

3 Teig auf einer bemehlten Fläche 1/2 cm dick ausrollen und Plätzchen von 5 cm Durchmesser ausstechen. Plätzchen mit genügend Abstand von-einander auf ein mit Backpapier ausgelegtes Backblech legen und auf der mittleren Einschubleiste 8–10 Minuten backen.

4 Plätzchen mit einem breiten Messer vorsichtig vom Backblech heben und auf einem Kuchengitter abkühlen lassen.

5 Puderzucker sieben, mit Orangensaft verrühren und die Plätzchen mit dieser Glasur überziehen.

6 Ergibt ca. 35 Stück.

Nährwerte pro Stück:
88/369 kcal/kJ
1 g EW, 4 g F, 12 g KH

Zimtsterne

Zutaten:
2 Eiweiß
100 g Puderzucker
100 g Zucker
abgeriebene Schale von
1 Zitrone (unbehandelt)
1 geh. TL Zimt
300 g Mandeln,
gemahlen
150 g Marzipan
1 Prise Nelkenpulver
Zucker für die
Arbeitsfläche

Zubereitungszeit:
30 Min.

1 Eiweiß sehr steif schlagen, dabei nach und nach Puderzucker und Zucker einrieseln lassen. Zitronenschale hinzufügen.

2 1/3 der Masse mit 1 Prise Zimt mischen, zum Bestreichen beiseitestellen. Mandeln mit Marzipan, restlichem Zimt und Nelkenpulver verkneten und Eischneemasse vorsichtig unterheben.

3 Teig auf eine mit Zucker bestreute Arbeitsfläche streichen und Sterne ausstechen. Sternenform immer wieder in kaltes Wasser tauchen, damit der Teig nicht haften bleibt.

4 Sterne auf ein mit Backpapier ausgelegtes Backblech setzen und mit restlicher Eischneemasse bestreichen.

5 Im vorgeheizten Ofen bei 100–125 Grad in 40–45 Minuten trocknen lassen.

Nährwerte pro Stück:
117/492 kcal/kJ
2 g EW, 6 g F, 11 g KH

Zutaten:
Für den Teig:
150 g Vollmilchkuvertüre
80 g Butter
4 Eier
100 g Zucker
2 Päckchen Vanillin-
zucker
1 Beutel Orange-Back
1 Beutel Citro-Back
2 EL Lebkuchengewürz
1 TL Zimt
1 Prise Salz
100 g Mandeln,
gemahlen
100 g Buchweizenmehl
1 Päckchen Schoko-
ladenpuddingpulver
2 TL Backpulver
125 g Aprikosenkonfitüre
200 g Marzipan
Orangensaft
Für die Verzierung:
150 g Vollmilchkuvertüre
weiße Schoko-
Dekorblätter
Mandeln, gehobelt
Schoko-Dekorherzen
Schoko-Ornamente
Pistazien, gehackt

Zubereitungszeit:
30 Min.

Gefüllte Gewürzschnitten

1 Kuvertüre in Stücke schneiden. Mit Butter im heißen Wasserbad langsam schmelzen. Ab
und zu umrühren.

2 Eier, Zucker, Vanillinzucker,
Orange- und Citro-Back sowie
Gewürze ca. 5 Minuten schau-
mig rühren. Mandeln, Mehl,
Pudding- und Backpulver mi-
schen. Mehlgemisch mit
Kuvertüre-Butter-Masse unter
den Teig heben.

3 Teig auf ein mit Backpapier
belegtes Backblech geben.
Im vorgeheizten Backofen bei
175 Grad 20–25 Minuten backen.
Abkühlen lassen. Teigplatte
waagerecht halbieren.

4 Eine Teighälfte mit der Hälfte
der Aprikosenkonfitüre bestreichen. Marzipan ausrollen, auf
die Teigplatte geben, mit der
restlichen Konfitüre bestreichen
und die 2. Teigplatte daraufsetzen. Mit Orangensaft tränken.

5 Vollmilchkuvertüre schmelzen. Teigplatte damit überziehen
und mit den Dekorprodukten
verzieren.

6 Dann in Rechtecke schneiden.

7 Ergibt 12 Stück.

Nährwerte pro Stück:
402/1688 kcal/kJ
8 g EW, 22 g F, 43 g KH

Elisenlebkuchen

1 Walnüsse fein hacken. Mit Mandeln, Marzipan, Eiern, Zucker, Honig, kandierten Früchten, Orangenschale und Lebkuchengewürz nach und nach in einer Schüssel zu einem Teig verrühren. Abdecken und über Nacht im Kühlschrank ruhen lassen.

2 Backofen auf 180 Grad vorheizen. Backblech mit Backpapier auslegen, Oblaten darauf verteilen und je 1 EL Teig in die Mitte jeder Oblate geben. Teig mit einem nassen Messer glatt streichen.

3 Oblaten im vorgeheizten Ofen 15–20 Minuten backen. Herausnehmen und vollständig abkühlen lassen. Schokolade schmelzen. Puderzucker mit Orangensaft zu einem klebrigen Guss rühren. Lebkuchen nach Belieben mit Zuckerguss oder Schokolade überziehen. Die Schokoladenlebkuchen zusätzlich mit ganzen Mandeln verzieren.

4 Ergibt 25 Stück.

Zutaten:
150 g Walnüsse
250 g Mandeln, gemahlen
100 g Marzipan
4 Eier
100 g Rohrzucker
100 g Akazienhonig (z. B. von Alnatura)
50 g Orangeat, fein gehackt
50 g Zitronat, fein gehackt
abgeriebene Schale von 1 Orange (unbehandelt)
1 TL Lebkuchengewürz
25 große Oblaten
100 g feine Bitterschokolade
100 g Puderzucker
Saft von 1/2 Orange
ganze Mandeln

Zubereitungszeit:
45 Min.
Ruhezeit:
ca. 8 Std.

Nährwerte pro Stück:
212/887 kcal/kJ
5 g EW
13 g F
20 g KH

Zutaten:
250 g Honig
175 g Roggenmehl
175 g Weizenmehl
1/2 Beutel gemischte
kandierte Früchte
(z. B. von Schwartau)
50 g Mandeln, gehackt
10 g Lebkuchengewürz
50 g Grümmel
(zerstoßener brauner
Kandiszucker)
10 g Natron
Mehl für die
Arbeitsfläche
1 Eigelb
kandierte Früchte,
rote Belegkirschen
und Mandelstifte
zum Verzieren

Zubereitungszeit:
30 Min.
Ruhezeit:
12 Std.

Nährwerte pro Stück:
39/163 kcal/kJ
1 g EW
1 g F
8 g KH

Fruchtprinten

1 Honig und 50 ml Wasser in einem Topf aufkochen, abkühlen lassen und in eine Rührschüssel umfüllen. Mehl, kandierte Früchte, Mandeln, Lebkuchengewürz, Grümmel und das mit 1 TL Wasser aufgelöste Natron zugeben. Alles zu einem glatten Teig verkneten. Abdecken und über Nacht bei Zimmertemperatur ruhen lassen.

2 Teig auf einer bemehlten Arbeitsfläche knapp 1/2 cm dick ausrollen und in Streifen von 3 x 6 cm schneiden. Back-

blech mit Backpapier auslegen und Teigstreifen nicht zu eng darauflegen. Teigoberfläche mit verquirltem Eigelb bestreichen und mit fein gehackten kandierten Früchten, Belegkirschen und Mandeln verzieren.

3 Im vorgeheizten Backofen Fruchtprinten 10–15 Minuten bei 200 Grad backen.

4 Ergibt ca. 70 Stück.

Lebkuchensterne

1 Für den Teig Honig, Zucker, Vanillinzucker, Butter und Milch langsam erwärmen, bis Butter und Honig flüssig sind. Dann in eine Rührschüssel geben und kalt stellen.

2 Bittermandelöl und Zimt unter die fast erkaltete Masse geben. Mehl mit Kakaopulver, Speisestärke und Backpulver mischen, zwei Drittel davon unter die Masse rühren, den Rest unterkneten. Teig ca. 1/2 cm dick ausrollen, mit einer Plätzchenform Sterne ausstechen und auf ein gefettetes Backblech legen.

3 Jeweils in einer Sternspitze ein kleines Loch für das Bändchen zum Aufhängen ausstechen. Lebkuchensterne im vorgeheizten Backofen bei 175–200 Grad 10–15 Minuten backen.

4 Zum Verzieren Zitronenglasur mit so viel Wasser verrühren, dass eine spritzfähige Masse entsteht. Mithilfe eines Pergamentpapiertütchens mit abgeschnittener Spitze die Sterne mit dem Guss verzieren und nach Belieben an Bändchen aufhängen.

5 Ergibt 30 Stück.

Zutaten:
125 g Honig
200 g Zucker
1 Päckchen Vanillinzucker
150 g Butter
4 EL Milch
3 Tropfen Bittermandelöl
1 gestr. TL Zimt
400 g Mehl
2 gestr. EL Kakaopulver
100 g Speisestärke
1 Päckchen Backpulver
200 g Zitronenglasur (Fertigprodukt)

Zubereitungszeit:
40 Min.

Nährwerte pro Stück:
158/665 kcal/kJ
2 g EW, 5 g F, 28 g KH

Würziger Honigkuchen

1 Für den Teig Honig kurz aufkochen und kalt stellen. Mit einem Schneebesen nach und nach 200 g Zucker, Vanillinzucker, Eier, Zimt, Nelkenpulver und Zitronenschale zum abgekühlten Honig geben. Mehl und Backpulver mischen, sieben und esslöffelweise dazugeben.

2 Teig auf ein gefettetes Backblech geben, leicht mit Mehl bestäuben und ca. 1 cm dick ausrollen. Teig in Abständen so mit Walnussvierteln belegen, dass sich nach dem Schneiden die Nüsse in der Mitte der einzelnen Stücke befinden. Im vorgeheiz-ten Backofen bei 175–200 Grad 15–20 Minuten backen.

3 Für den Guss restlichen Zucker mit 2 EL Wasser zum Kochen bringen, unter ständigem Rühren ca. 1 Minute kochen lassen.

4 Das noch warme Gebäck mit dem Guss bestreichen, nach dem Erkalten in Stücke schneiden.

5 Ergibt ca. 30 Stück.

Nährwerte pro Stück:
139/583 kcal/kJ
3 g EW, 3 g F, 26 g KH

Zutaten:
175 g Honig
250 g Zucker
1 Päckchen Vanillinzucker
3 Eier
1 geh. TL Zimt
1 Msp. Nelkenpulver
abgeriebene Schale von 1/2 Zitrone (unbehandelt)
500 g Mehl
1 Päckchen Backpulver
Fett für das Blech
100 g Walnüsse, geviertelt

Zubereitungszeit:
30 Min.

Honigbrot nach Nürnberger Art

Zutaten:
70 g Butter
250 g Blütenhonig
200 g Zucker
1/8 l dunkles Bier
1 Ei
1/4 TL Kardamom, gemahlen
1/4 TL Nelken, gemahlen
1 gestr. TL Zimt
2 EL Rum
abgeriebene Schale von 1 Zitrone (unbehandelt)
3 Tropfen Bittermandelöl
500 g Weizenmehl
1 Päckchen Backpulver
125 g Puderzucker

Zubereitungszeit:
50 Min.

1 Butter zerlassen und Honig, Zucker sowie dunkles Bier einrühren. Bei kleiner Hitze so lange rühren, bis daraus eine glatte Masse entstanden ist. Teig etwas abkühlen lassen, dann restliche Zutaten, bis auf Mehl und Backpulver, der Reihe nach einrühren. Mehl mit Backpulver vermischen, sieben und zum Schluss löffelweise unter den Teig rühren. Ofen auf 200 Grad vorheizen.

2 Ein Backblech mit Backpapier auslegen und den Teig ca. 1 cm dick darauf ausrollen. Teig auf mittlerer Schiene im Ofen 20–25 Minuten backen.

3 Für den Zuckerguss Puderzucker sieben und mit 3 EL heißem Wasser ganz schnell zu einer dickflüssigen weißen Masse rühren. Der Zuckerguss kann auch mit Lebensmittelfarbe gefärbt werden.

4 Honigbrot aus dem Ofen nehmen und sofort mit Zuckerglasur bestreichen. Honigbrot in ca. 4 x 6 cm große Stücke schneiden.

5 Ergibt 40 Stück.

Nährwerte pro Stück:
115/483 kcal/kJ
2 g EW, 2 g F, 22 g KH

Schoko-Honig-Kuchen

Zutaten:
200 g Honig
100 g Butter
125 g Zucker
2 Eier
20 g Kakaopulver
1/2 TL Zimt
1/2 TL Nelkenpulver
1 gestr. TL
Ingwerpulver
2 Tropfen
Bittermandelöl
375 g Mehl
1 Päckchen Backpulver
60 g kandierter Ingwer
50 g Zartbitter-
schokolade
50 g Korinthen
Fett für das Blech
200 g Puderzucker
2–3 gestr. EL Kakao
Mandel-, Haselnuss-
und Walnusskerne zum
Garnieren

Zubereitungszeit:
30 Min.

1 Honig, Butter und Zucker erst unter Rühren langsam erwärmen, dann erkalten lassen. Eier, Kakaopulver, Zimt, Nelken- und Ingwerpulver sowie Bittermandelöl mit der Honigmasse verrühren. Mehl mit Backpulver mischen und esslöffelweise zugeben.

2 Kandierten Ingwer klein schneiden, Schokolade fein hacken, Korinthen waschen und abtropfen lassen. Vorbereitete Zutaten unter den Teig heben und diesen ca. 1/2 cm dick auf ein gefettetes Backblech streichen. Im vorgeheizten Backofen bei 175–200 Grad 25–30 Minuten backen, erkalten lassen und dann in Quadrate oder Dreiecke schneiden.

3 Für den Guss Puderzucker sieben, mit Kakao und 3–4 EL Wasser zu einer dickflüssigen Masse verrühren und die Happen damit bestreichen. Mit den Mandel-, Haselnuss- und Walnusskernen nach Wunsch verzieren.

4 Ergibt 50 Stück.

Nährwerte pro Stück:
166/700 kcal/kJ
2 g EW, 5 g F, 28 g KH

Honigkuchen mit Rum (Abb. S. 33)

Zutaten:
250 g Honig
100 g Margarine, 2 Eier
125 g Zucker,
375 g Mehl
2 gestr. TL Backpulver
2 EL Lebkuchengewürz
1 TL abgeriebene
Zitronenschale
(unbehandelt)
2 EL Rum
1 EL Kakaopulver
100 g Zitronat, gehackt
50 g Orangeat, gehackt
80 g Mandeln, gehackt
Margarine zum Einfetten
60 g rote Belegkirschen
1 Eiweiß
75 g Mandeln, geschält

Zubereitungszeit:
65 Min.

1　Honig mit Margarine im Topf erhitzen und wieder abkühlen lassen. Eier und Zucker mit dem Handrührgerät schaumig schlagen. Honig-Fett-Mischung darunterrühren. Mehl, Backpulver, Lebkuchengewürz, Zitronenschale, Rum, Kakaopulver, Zitronat, Orangeat und gehackte Mandeln unterkneten.

2　Backblech einfetten. Honigkuchenteig daraufgeben und glatt streichen.

3　Belegkirschen halbieren oder vierteln.

4　Honigkuchen im vorgeheizten Ofen bei 175 Grad ca. 20 Minuten backen. Eiweiß und 1 EL Wasser verquirlen und den leicht ausgekühlten Honigkuchen damit bestreichen. Mit Mandeln und Kirschen belegen und nochmals 5 Minuten backen. Nach dem Abkühlen in Stücke schneiden.

5　Ergibt ca. 15 Stücke.

Nährwerte pro Stück:
282/1176 kcal/kJ
6 g EW, 12 g F, 36 g KH

Braune Kuchen

Zutaten:
250 g Zucker-
rübensirup
120 g Margarine
180 g brauner Zucker
500 g Mehl
je 1 gestr. TL Zimt,
Nelkenpulver,
Kardamom
7 g Pottasche

Zubereitungszeit:
45 Min.

1　Zuckerrübensirup, Margarine sowie Zucker in einen Topf geben und unter Rühren aufkochen.

2　Mehl in eine Schüssel sieben. Zimt, Nelkenpulver, Kardamom, warme Sirupmasse sowie in 2 EL Wasser gelöste Pottasche dazugeben. Alle Zutaten miteinander verkneten und Teig gleichmäßig weiterverarbeiten. Backofen auf 200 Grad vorheizen.

3　Teig zwischen 2 Lagen Klarsichtfolie ausrollen und auf ein mit Backpapier ausgelegtes Backblech legen. Ca. 4 x 6 cm große Rechtecke in den Teig schneiden, Blech in den vorgeheizten Ofen schieben und ca. 10 Minuten backen.

4　Braune Kuchen mit Backpapier vom Blech nehmen, in die vorgeschnittenen Rechtecke brechen und auf einem Kuchengitter auskühlen lassen.

5　Ergibt ca. 60 Stück.

Nährwerte pro Stück:
67/280 kcal/kJ
1 g EW, 2 g F, 12 g KH

Zutaten:
500 g Mehl
1 Würfel Hefe
1/8 l lauwarme Milch
1 EL Zucker
225 g Butter
1 Prise Salz
2 cl Rum
je 1 Msp. Kardamom,
Zimt und Nelken,
gemahlen
100 g Mandelstifte
100 g Rosinen
100 g Bananen,
getrocknet
100 g Feigen,
getrocknet
100 g Puderzucker

Zubereitungszeit:
90 Min.
Ruhezeit:
75 Min.

Früchtestollen

1 Mehl in eine Schüssel sieben, in die Mitte eine Vertiefung drücken und Hefe hineinbröckeln. Mit etwas lauwarmer Milch und Zucker verrühren und zugedeckt an einem warmen Ort ca. 15 Minuten gehen lassen.

2 Restliche lauwarme Milch mit 125 g geschmolzener Butter angießen, Gewürze zugeben und alles zu einem glatten Teig verarbeiten. Mandeln, Rosinen, Bananen- und Feigenstückchen unterkneten und Teig ca. 1 Stunde zugedeckt an einem warmen Ort gehen lassen.

3 Ofen auf 250 Grad vorheizen. Teig oval ausrollen, zu einem Stollen formen und auf ein mit Backpapier ausgelegtes Backblech geben. Damit er nicht auseinanderfällt, einen Streifen aus Alufolie um den Stollen legen.

4 Stollen in den Ofen schieben, Hitze auf 175 Grad reduzieren und Stollen 45–60 Minuten backen. Noch heiß mit restlicher flüssiger Butter bestreichen und mit Puderzucker bestäuben.

5 Ergibt 20 Stücke.

Nährwerte pro Stück:
281/1174 kcal/kJ
5 g EW, 12 g F, 36 g KH

Reichhaltiger Christstollen

1 Mehl in eine Schüssel sieben, in die Mitte eine Mulde drücken, Hefe hineinbröckeln. Mit 3 EL Zucker und 200 ml lauwarmer Milch verrühren.

2 Den Vorteig mit Mehl bedecken und zugedeckt 20 Minuten gehen lassen.

3 Restlichen Zucker, Salz, Zitronenaroma, Eier, Muskat, Kardamom sowie Koriander zum Hefeansatz geben und zu einem glatten Teig verkneten. Teig nochmals 60 Minuten gehen lassen.

4 Rosinen, Mandeln, Orangeat und Zitronat mischen und mit Rum unter den Teig kneten (Abb. 1).

5 Teig zu einem Oval ausrollen und auf ein mit Backpapier ausgelegtes Backblech geben (Abb. 2).

6 Teig mithilfe eines Holzstabes zu einem Stollen zusammenklappen bzw. -rollen (Abb. 3).

7 Stollen nun mit einem Band aus Alufolie umranden, damit er seine Form behält (Abb. 4). Im Ofen bei 175 Grad ca. 1 Stunde backen.

8 Butter erhitzen, Vanillinzucker darin auflösen und den noch warmen Stollen damit so lange bestreichen, bis die Butter aufgebraucht ist. Stollen erkalten lassen und dick mit Puderzucker bestäuben.

9 Ergibt ca. 20 Stücke.

Zutaten:
1 kg Mehl
3 Würfel Hefe
250 g Zucker
200 ml Milch
1 große Prise Salz
1/2 TL Zitronenaroma
3 Eier
Muskat
Kardamompulver
Korianderpulver
200 g Rosinen
100 g Mandeln, gehackt
je 50 g Orangeat und Zitronat
6 EL Rum
150 g Butter
1 Päckchen Vanillinzucker
Puderzucker zum Bestäuben

Zubereitungszeit:
90 Min.
Ruhezeit:
80 Min.

Nährwerte pro Stück:
395/1656 kcal/kJ
8 g EW
10 g F
61 g KH

Abb. 1

Abb. 2

Abb. 3

Abb. 4

Tipp

Der Stollen schmeckt erst richtig fein, wenn er einige Tage gelagert wurde. Verpacken Sie den gut ausgekühlten Stollen in Folie, so bleibt er – am besten gekühlt – wochenlang frisch.

Weihnachtsstollen

Zutaten:
100 g Zitronat
70 g Orangeat
100 g Mandeln,
gehackt
500 g Rosinen
100 ml Rum
1 Würfel Hefe
160 g Zucker
1/2 l lauwarme Milch
380 g Butterschmalz
(z. B. von Butaris)
1 kg Mehl
Salz
1 gestr. TL
Lebkuchengewürz
400 g Marzipan
280 g Puderzucker
Fett für das Blech
150 g Butterschmalz
zum Bestreichen
200 g Puderzucker
zum Bestäuben

Zubereitungszeit:
60 Min.
Ruhezeit:
12 Std.

Nährwerte pro Stück:
390/1634 kcal/kJ
5 g EW
19 g F
49 g KH

1 Zitronat, Orangeat, Mandeln und Rosinen mit 70 ml Rum und 50 ml Wasser verrühren und über Nacht ziehen lassen.

2 Für den Vorteig Hefe zerbröckeln und mit 1 TL Zucker in Milch auflösen. Zugedeckt an einem warmem Ort ca. 15 Minuten gehen lassen. Butterschmalz zerlassen. Mit Mehl, restlichem Zucker, Salz, Lebkuchengewürz und dem Vorteig in eine Schüssel geben und zu einem glatten Teig verkneten. Zugedeckt bei Zimmertemperatur ca. 1 Stunde gehen lassen.

3 Früchtemischung unter den Teig kneten und zugedeckt an einem warmen Ort zur doppelten Größe aufgehen lassen.

4 Marzipan mit Puderzucker und restlichem Rum verkneten. Teig halbieren und zu zwei ca.

27 cm langen ovalen Laiben ausrollen. Mit der Küchenrolle eine Vertiefung in die Mitte der Ovale drücken und linke Teighälfte etwas flach rollen. Marzipan zu zwei Rollen in Stollenlänge formen und je einen Strang rechts entlang der Vertiefung legen. Rechte Teighälfte über die linke schlagen.

5 Backofen auf 190 Grad vorheizen. Stollen auf das gefettete Blech legen und im vorgeheizten Ofen auf der zweiten Einschubleiste von oben backen. Restliches Butterschmalz zerlassen und die warmen Stollen damit bestreichen. Mit Puderzucker bestäuben.

6 Die Stollen vor dem Anschneiden 2 Wochen ruhen lassen.

7 Ergibt 2 Stollen à 20 Stücke.

Quarkstollen

1 Backofen auf 170 Grad vorheizen. Zucker, 175 g Butter, Quark, Eier und Zitronenschale in einer Schüssel verrühren. Backpulver und Gewürze mit dem Mehl vermischen und nach und nach unter den Teig arbeiten.

2 Ingwer evtl. klein schneiden, Walnüsse klein hacken und zusammen mit den Rosinen unter den Teig kneten.

3 Teig in 3 Portionen teilen, auf der Arbeitsfläche zu kleinen Stollen formen, diese auf mit Backpapier belegte Backbleche setzen und in den vorgeheizten Ofen schieben. In ca. 60 Minuten hellbraun backen.

4 Restliche Butter zerlassen und die noch heißen Stollen mehrfach damit bestreichen. Anschließend dick mit Puderzucker bestäuben.

5 Ergibt ca. 3 Stollen.

Zutaten:
200 g Vollrohrzucker
325 g Butter
250 g Quark (40% Fett)
2 Eier
abgeriebene Schale
von 1 Zitrone
(unbehandelt)
1 Päckchen Weinstein-Backpulver
1 TL Kardamom, gemahlen
1 TL Zimt
1 TL Ingwer, gemahlen
550 g Dinkelmehl Type 1050
100 g kandierter Ingwer
100 g Walnusskerne
150 g Rosinen
Puderzucker

Zubereitungszeit:
35 Min.

Nährwerte pro Stück:
2290/9581 kcal/kJ
44 g EW
119 g F
258 g KH

Zutaten:
800 g Weizenmehl
Type 550
2 Würfel Hefe
1/4 l lauwarme Milch
100 g Zucker
je 100 g Zitronat und
Orangeat
je 150 g Rosinen und
Korinthen
200 g Mandeln,
gehackt
2 EL Rum
2 Päckchen
Vanillezucker
1 Prise Salz
1 Msp. Kardamom,
gemahlen
250 g weiche Butter
2 Eier
abgeriebene Schale
von 1 Zitrone
(unbehandelt)
Fett für das Blech
100 g Butter zum
Bestreichen
40 g Puderzucker

Zubereitungszeit:
60 Min.
Ruhezeit:
100 Min.

Nährwerte pro Stück:
2280/9540 kcal/kJ
43 g EW
108 g F
278 g KH

Christstollen Dresdner Art

1 Mehl in eine Schüssel geben, eine Mulde hineindrücken und Hefe in die Mitte bröckeln. Mit etwas Milch und 1 EL Zucker verrühren und zugedeckt ca. 30 Minuten an einem warmen Ort gehen lassen.

2 Zitronat und Orangeat klein hacken. Rosinen und Korinthen waschen und trocken tupfen. Kandierte und getrocknete Früchte mit den Mandeln mischen und mit Rum übergießen. Gut durchziehen lassen.

3 Restliche Zutaten zum Vorteig geben und mit den Händen ca. 10 Minuten kräftig durchkneten. Zugedeckt 40 Minuten an einem warmen Ort gehen lassen.

4 Früchtemischung unter den Teig kneten, in vier Portionen teilen und diese zu dicken Stangen formen. Leicht ausrollen, sodass der Teig in der Mitte dünner ist als an den Rändern, und Ovale längs zusammenklappen. Stollen auf gefettete Bleche legen und zugedeckt 30 Minuten gehen lassen.

5 Backofen auf 200 Grad vorheizen, Stollen hineinschieben, 15 Minuten backen, dann weitere 55 Minuten bei 180 Grad backen.

6 Butter schmelzen lassen, heiße Stollen damit bestreichen und mit Puderzucker bestäuben. Vor dem Servieren nochmals mit Puderzucker bestäuben.

7 Ergibt 4 Stollen.

Nuss-Nugat-Stollen

1 Mehl und Salz in eine Schüssel sieben und in die Mitte eine Mulde drücken. Hefe zerbröckeln, mit etwas Milch und 1 TL Zucker verrühren, in die Mulde geben, mit etwas Mehl verrühren und zugedeckt ca. 20 Minuten gehen lassen.

2 200 g Butter zerlassen und mit restlicher Milch, Eiern, restlichem Zucker, Vanillinzucker und Amaretto zum Vorteig geben, alles zu einem glatten Teig verarbeiten und nochmals ca. 30 Minuten abgedeckt gehen lassen.

3 Nugat klein schneiden. Teig oval ca. 30 cm lang ausrollen und mit Nugat und Walnüssen belegen, Teig überschlagen und zu einem Stollen formen. Auf ein mit Backpapier ausgelegtes Backblech geben und weitere ca. 20 Minuten aufgehen lassen. Stollen im vorgeheizten Ofen bei 200 Grad ca. 45 Minuten backen.

4 Mit restlicher geschmolzener Butter bestreichen, auskühlen lassen und mit Puderzucker bestreuen.

5 Ergibt ca. 20 Stücke.

Nährwerte pro Stück:
314/1317 kcal/kJ
5 g EW, 18 g F, 32 g KH

Zutaten:
500 g Mehl
1 Prise Salz
1 Würfel Hefe
100 ml lauwarme Milch
80 g Zucker
250 g Butter
2 Eier
1 Päckchen Vanillinzucker
2 cl Amaretto
200 g schnittfester Nugat
150 g Walnüsse, gehackt
3 EL Puderzucker

Zubereitungszeit:
60 Min.
Ruhezeit:
70 Min.

Zutaten:
300 g Birnen, getrocknet
je 5 Aprikosen, Pflaumen
und Feigen, getrocknet
40 g Orangeat
100 g Walnusskerne
1 Würfel Hefe
100 g Zucker
2 EL Butter
500 g Mehl
1 Prise Salz
100 g Sultaninen
1/2 TL abgeriebene
Zitronenschale
(unbehandelt)
1 TL Zimt
2 cl Kirschwasser
je 1 Prise Nelken-, Ingwer-
und Kardamompulver

Nährwerte pro Stück:
153/641 kcal/kJ
3 g EW, 3 g F, 27 g KH

Beschwipstes Früchtebrot

1 Birnen, Aprikosen, Trockenpflaumen, Orangeat und Feigen würfeln. Walnüsse hacken.

2 Für den Vorteig Hefe zerbröckeln und mit 1 TL Zucker sowie ca. 1/4 l lauwarmem Wasser verrühren. Vorteig zugedeckt an einem warmen Ort ca. 10 Minuten gehen lassen.

3 Butter zerlassen, mit Mehl und Salz zunächst unter den Vorteig rühren, anschließend gut durchkneten. Teig nochmals ca. 1 Stunde gehen lassen.

4 Sultaninen, restlichen Zucker, Zitronenschale, Zimt, Kirschwasser, Nelken-, Ingwer- und Kardamompulver mit Trockenfrüchten und Walnüssen unter den Teig kneten.

5 Teig zu einem Brotlaib formen, auf ein mit Backpapier ausgelegtes Backblech legen, 20 Minuten gehen lassen und im vorgeheizten Backofen bei 175 Grad ca. 70–80 Minuten backen. Mit Puderzucker bestäuben.

6 Ergibt ca. 25 Stücke.

Zubereitungszeit:
100 Min.
Ruhezeit:
90 Min.

Zutaten:
350 g weiche Butter
125 g Zucker
1 Beutel Vanille-Back
1 Prise Salz
3 Eier
250 g Magerquark
500 g Mehl
2 TL Backpulver
1 Beutel Mohn-Back
(z. B. von Schwartau)
1 Beutel Mandeln,
gestiftet
1 Packung Marzipan
2–3 EL Puderzucker

Nährwerte pro Stück:
361/1512 kcal/kJ
7 g EW, 7 g F, 33 g KH

Quark-Mohn-Stollen (Abb. S. 41)

1 250 g Butter, Zucker, Vanille-Back und Salz verrühren. 2 Eier und Quark zufügen. Mehl mit Backpulver mischen und unter den Teig kneten.

2 Teig zu einem 40 x 30 cm großen Rechteck ausrollen. Mohn-Back mit restlichem Ei verrühren und auf den Teig streichen, dabei einen 2 cm breiten Rand freilassen. Mandeln darüberstreuen. Marzipan auf die Mohnfüllung raspeln.

3 Teigplatte längs aufrollen und Enden einschlagen.

4 Backofen auf 180 Grad vorheizen. Stollen mehrfach an der Oberfläche ca. 1/2 cm tief einschneiden und auf ein mit Backpapier belegtes Backblech legen. Ca. 1 Stunde backen.

5 Restliche Butter schmelzen, Stollen nach dem Backen damit bestreichen und mit Puderzucker bestäuben.

6 Ergibt ca. 20 Stücke.

Zubereitungszeit:
50 Min.

Zutaten:

Für den Kuchen:
100 g Korinthen
100 g Sultaninen
1/2 säuerlicher Apfel
abgeriebene Schale
von 1 Zitrone
(unbehandelt)
50 g Weizenmehl
1 Prise
Lebkuchengewürz
1 Prise Muskat
1/4 TL Zimt
70 g Haferflocken
80 g Butter
100 g Zucker
30 ml Orangensaft
1 EL Zitronensaft
2 Eier
25 g Honig
Salz
50 g Pinienkerne
50 g kernige
Haferflocken
50 g Mandeln, gehackt
Fett für die Form
**Für die
Karamellsterne:**
60 g Zucker
2 EL Haferflocken
Pflanzenöl zum
Einfetten

Zubereitungszeit:
90 Min.

Nährwerte pro Stück:
195/819 kcal/kJ
4 g EW
7 g F
29 g KH

Weihnachtlicher Früchte-Nuss-Kuchen

1 Korinthen, Sultaninen sowie Apfel hacken. Zitronenschale darübergeben. Mehl, Gewürze und Haferflocken vermischen, Butter unterkneten und zur Rosinenmischung geben. Restliche Zutaten zufügen und alles zu einem glatten Teig verrühren.

2 Eine große Puddingform mit Deckel fetten. Teig einfüllen und Deckel schließen. Wasser in einem großen Topf erhitzen. Form hineinstellen und bei niedriger Hitze 70–90 Minuten garen.

Dabei sollte die Form zu 3/4 im Wasser stehen und der Deckel des Topfes geschlossen sein.

3 Zucker schmelzen. Haferflocken unterrühren. Masse auf einem gefetteten Backpapier ausstreichen. Mit gefetteten Förmchen Sterne ausstechen.

4 Abgekühlten Kuchen aus der Form lösen und mit Karamellsternen verziert servieren.

5 Ergibt ca. 15 Stücke.

Weihnachtskuchen

1 Walnusskerne hacken. Zucker in einem Topf hellgelb schmelzen. Walnusskerne unterrühren und vom Herd nehmen. Die Masse soll nicht braun werden. 1 EL Wasser und Sahne unterrühren und kalt stellen.

2 Mehl, Margarine, Zucker, Salz und Ei zu einem glatten Teig verkneten. 30 Minuten kalt stellen.

3 Teig dritteln. Eine Portion ausrollen und den Boden einer Springform (28 cm Durchmesser) damit auslegen. Zweite Portion zu einer Rolle formen und als Rand in die Form drü-

cken. Nuss-Sahne-Mischung auf den Teigboden streichen.

4 Letzte Teigportion ausrollen, in Größe der Springform ausschneiden und auf die Füllung legen. Ränder gut andrücken. Teigreste ausrollen, Sterne ausstechen und auf den Kuchen legen.

5 Eigelb und Milch verquirlen, Kuchen damit bestreichen. Im vorgeheizten Backofen bei 200–225 Grad ca. 45 Minuten backen. In der Form auskühlen lassen.

6 Ergibt ca. 16 Stücke.

Zutaten:
Für die Füllung:
400 g Walnusskerne
300 g Zucker
125 g Sahne
Für den Teig:
350 g Mehl
200 g Margarine
(z. B. von Rama)
150 g Zucker
1 Prise Salz
1 Ei
Zum Bestreichen:
1 Eigelb
2 EL Milch

Zubereitungszeit:
110 Min.
Ruhezeit:
30 Min.

Nährwerte pro Stück:
415/1732 kcal/kJ
22 g EW
8 g F
46 g KH

Mokka-Sahne-Trüffel

Zutaten:
100 g Sahne
30 g Butterschmalz
200 g Bitterkuvertüre
2 EL Mokkalikör
5 g Pulverkaffee
sternförmige
Schokohüllen
kandierte Früchte oder
weiße Schokolade

Zubereitungszeit:
35 Min.

1 Sahne und Butterschmalz erhitzen. Bitterkuvertüre in kleinen Stückchen in die heiße Sahne einrühren. Zum Schluss den in Mokkalikör gelösten Pulverkaffee zugeben. Die Masse kühl stellen.

2 Anschließend in Pralinenhüllen abfüllen, erkalten lassen und mit kandierten Früchten oder weißer Schokolade garnieren.

3 Ergibt ca. 56 Stück.

Nährwerte pro Stück:
43/178 kcal/kJ
1 g EW, 2 g F, 5 g KH

Herrenkonfekt

Zutaten:
250 g Dörrpflaumen
2 EL Zwetschgenwasser
30 g Walnusskerne
30 g Mandeln, frisch gemahlen
1/4 TL Zimt
1 geh. EL Mandelmus
ca. 64 Vollkornoblaten

Nährwerte pro Stück:
20/82 kcal/kJ
0 g EW, 1 g F, 2 g KH

1 Dörrpflaumen sehr klein schneiden und in eine Schüssel geben. Pflaumen mit Zwetschgenwasser übergießen und zugedeckt ca. 1 Stunde durchziehen lassen.

2 Walnüsse fein hacken. Mandeln, Zimt, Mandelmus und Walnüsse zu den Pflaumen geben und alles gut durchkneten.

3 Ca. walnussgroße Kugeln aus der Masse formen. Jede Kugel auf eine Oblate setzen, flach drücken und eine zweite Oblate daraufsetzen. Die Oblaten mit einem Messer halbieren.

4 Ergibt ca. 64 Stück.

Zubereitungszeit:
30 Min.

Punschgugelhupf

Zutaten:
Für den Teig:
250 g weiche Butter
200 g Zucker
250 g Mehl
1 1/2 TL Backpulver
50 g Rosinen
4 cl Rum
100 g Aprikosen, getrocknet
50 g Zitronat
50 g Orangeat
6 Eigelb
50 ml Milch

1 Butter und 180 g Zucker schaumig schlagen, bis sich der Zucker vollständig aufgelöst hat. Mehl mit Backpulver vermischen und sieben. Rosinen in Rum einlegen. Aprikosen, Zitronat und Orangeat in kleine Würfel schneiden.

2 Nach und nach Eigelb, Milch, Mandellikör, Vanillin-zucker, Salz, Zimt und Nelkenpulver sowie Mehl in die aufgeschlagene Butter-Zucker-Masse geben.

3 Eiweiß mit dem restlichen Zucker steif schlagen und mit Mandeln und Zitronenschale unter die Creme heben. Zum Schluss gewürfelte Früchte und Rumrosinen unterziehen.

4 Teig in die gefettete und mit Mehl ausgestäubte Form füllen. Zunächst ca. 45 Minuten auf der mittleren Schiene im vorgeheizten Ofen bei 180 Grad, dann 20 Minuten bei 150 Grad backen. Gugelhupf auf ein Kuchengitter stürzen und auskühlen lassen.

5 Für die Dekoration Marzipan mit Puderzucker vermengen, ausrollen und Sterne ausstechen. Unter dem Grill leicht bräunen. Auskühlen lassen, mit Johannisbeergelee bestreichen und zusammensetzen.

6 Puderzucker mit Rum und Zitronensaft zu einem zähflüssigen Guss anrühren und auf den Gugelhupf gießen. Sofort mit Marzipansternen und Dekorblättern garnieren und dick mit Puderzucker bestäuben.

7 Ergibt ca. 14 Stücke.

2 cl Mandellikör
1 Päckchen Vanillinzucker
1 Prise Salz
je 1 Msp. Zimt und Nelkenpulver
6 Eiweiß
100 g Mandeln, gemahlen
1 TL abgeriebene Zitronenschale (unbehandelt)
Fett und etwas Mehl für die Form
Für die Verzierung:
100 g Marzipan
ca. 50 g Puderzucker
rotes Johannisbeergelee
200 g Puderzucker
2 cl Rum
1 EL Zitronensaft
grüne Dekorblätter
Puderzucker zum Bestäuben

Zubereitungszeit:
90 Min.

Nährwerte pro Stück:
510/2120 kcal/kJ
8 g EW
25 g F
62 g KH

Zutaten:
Für den Teig:
200 g Mehl
80 g Schokolade
(ca. 50 % Kakao),
fein gerieben
2 EL Kakaopulver
1 TL Lebkuchengewürz
1 Päckchen
Backpulver
2 Eier
50 g Zucker
50 ml Öl
1 EL Rum
50 ml Milch nach
Bedarf
Für das Topping:
200 g weiße
Schokolade
75 g Sahne
50 g Butter
100 g Marzipan-
rohmasse
1–2 EL Puderzucker
rote Lebensmittelfarbe
grüne Zuckerstreusel
oder grüner Dekor-
zucker

Zubereitungszeit:
65 Min.

Nährwerte pro Stück:
366/1531 kcal/kJ
6 g EW
21 g F
37 g KH

Weihnachtliche Cupcakes

1 Backofen auf 200 Grad vorheizen. 12 Papierbackförmchen in die Vertiefungen des Muffinblechs stellen. Mehl mit geriebener Schokolade, Kakaopulver, Lebkuchengewürz und Backpulver mischen. Eier mit Zucker und Öl verquirlen.

2 Mehl-Kakao-Mischung rasch unter die Eimasse rühren, dabei den Rum zugeben. Bei Bedarf noch so viel Milch angießen, dass der Teig leicht vom Löffel reißt.

3 Den Teig in die Papierförmchen füllen und das Ganze im heißen Ofen ca. 30 Minuten backen. Anschließend die Törtchen auf einem Kuchengitter abkühlen lassen.

4 Für das Topping die weiße Schokolade hacken. Sahne leicht aufkochen und kurz etwas abkühlen lassen. Dann über die Schokolade gießen und mit einem Spatel umrühren, bis die Schokolade geschmolzen ist.

5 Butter zur Sahne geben und die Masse mit dem Mixer durchrühren, bis sie glänzt. Im Kühlschrank zugedeckt halbfest werden lassen.

6 Inzwischen Marzipan mit Puderzucker und Lebensmittelfarbe verkneten, sodass es eine schöne rote Farbe hat. Auf wenig Puderzucker ca. 5 mm dick ausrollen und 12 kleine Sternchen ausstechen.

7 Restliches Marzipan zu einem dünnen Strang ausrollen und in Stückchen schneiden. Daraus kleine Kugeln rollen.

8 Die halbfeste Schokoladenmasse in einen Spritzbeutel mit Sterntülle füllen und die Creme kreis-förmig auf die Cupcakes spritzen. Mit den Marzipankügelchen und den grünen Streuseln bestreuen. Obenauf je 1 Marzipanstern stecken.

9 Ergibt 12 Stück.

Orangen-Schoko-Konfekt

1 Sahne, Butter und Puderzucker in einem kleinen Topf langsam erhitzen und kurz aufkochen lassen.

2 Schokolade in Stücke brechen, in die gezuckerte Sahne-Butter-Mischung geben und bei schwacher Hitze unter Rühren langsam schmelzen lassen.

3 Pralinenförmchen auf einem Backblech oder Kuchengitter verteilen und heiße Schokoladenmasse mithilfe eines Spritzbeutels in die Förmchen füllen. Je 1 Haselnuss in jede Praline drücken, in den Kühlschrank stellen und dort vollständig fest werden lassen.

4 Pralinen müssen kühl gelagert werden und sollten innerhalb von 7–10 Tagen verzehrt werden.

5 Ergibt ca. 20 Stück.

Zutaten:
100 g Sahne
1 EL Butter
1 EL Puderzucker
100 g Bitter-Orangen-Schokolade
(z. B. von Alnatura)
Pralinenförmchen
Haselnüsse

Zubereitungszeit:
20 Min.

Nährwerte pro Stück:
62/259 kcal/kJ
1 g EW
5 g F
4 g KH

Mandelsplitter

Zutaten:
50 g Rosinen
30 g Butter
150 g Mandelstifte
1/4 TL Vanille,
gemahlen
1 geh. EL Kakao
30 g Honig
1 EL Sahne
25 g Kokosfett
etwas Öl
ca. 30 Papierförmchen
für Pralinen

Nährwerte pro Stück:
55/230 kcal/kJ
1 g EW
5 g F
2 g KH

1 Rosinen in kleine Stückchen schneiden.

2 Butter bei schwacher Hitze zerlassen. Mandelstifte darin in ca. 8 Minuten goldgelb rösten. Mandelstifte, Rosinen und Vanille in eine Schüssel geben. Kakao mit Honig, Sahne und 1 EL Wasser glatt rühren.

3 Kokosfett bei schwacher Hitze zerlassen. Topf vom Herd nehmen und die Kakaomasse unter das flüssige Fett rühren.

4 Kakaoguss sofort über die Mandeln und Rosinen gießen und gut vermischen. Die Masse ca. 30 Minuten abkühlen lassen. Ein Stück Alufolie leicht mit Öl bestreichen. 1 geh. TL Mandelmasse abnehmen und zu einem Häufchen zusammendrücken.

5 Mandelsplitter auf die Alufolie setzen und in ca. 30 Minuten im Kühlschrank fest werden lassen. Fertige Mandelsplitter in die Papierförmchen legen.

6 Ergibt ca. 30 Stück.

Zubereitungszeit:
40 Min.

Schoko-Rum-Kugeln

Zutaten:
100 g Mandel-
makronen
abgeriebene Schale
von 1 Orange
(unbehandelt)
250 g Maronen (Dose)
50 g Butter
60 g Kakao
100 g Puderzucker
50 ml brauner Rum
je 150 g dunkle und
weiße Kuvertüre
Haselnüsse

Zubereitungszeit:
40 Min.
Ruhezeit:
6 Std.

1 Makronen hacken. Orangenschale mit Maronen und Butter pürieren. 50 g Kakao und Puderzucker unterrühren. Rum und Makronen nach und nach dazugeben. 3 Stunden kalt stellen.

2 Blech mit restlichem Kakao bestreuen. Darauf daumendicke Rollen aus der Pralinenmasse formen, in 30 Stücke schneiden und zu Kugeln formen. 3 Stunden kalt stellen.

3 Kuvertüre getrennt schmelzen. Nüsse grob hacken. Kugeln in die Kuvertüre tauchen, auf ein Kuchengitter setzen und mit Nüssen bestreuen.

4 Ergibt 30 Stück.

Nährwerte pro Stück:
125/524 kcal/kJ
2 g EW, 7 g F, 13 g KH

Schneemanncupcakes

Zutaten:
Für den Teig:
150 g Butter
150 g Zucker
2 Eier
250 g Mehl
2 TL Backpulver
1/2 TL abgeriebene
Zitronenschale
80 ml Milch
Für die Garnitur:
200 g Puderzucker
Milch
6 weiße Marshmallows
rote und blaue
Zuckerschrift
weiße und silberne
Zuckerperlen
rote Gummischlangen

Zubereitungszeit:
60 Min.

Nährwerte pro Stück:
319/1335 kcal/kJ
4 g EW
12 g F
49 g KH

1 Den Backofen auf 200 Grad vorheizen. Die 12 Mulden eines Muffinblechs mit Papierförmchen auskleiden.

2 Butter mit Zucker cremig rühren. Nach und nach die Eier untermengen. Mehl mit Backpulver und Zitronenschale vermischen. Abwechselnd mit der Milch unter die Butter-Ei-Masse mengen.

3 Teig in die vorbereiteten Papierförmchen füllen. In den heißen Ofen schieben und auf der mittleren Schiene ca. 25 Minuten backen; die Stäbchenprobe machen. Nach Ende der Backzeit Cupcakes aus dem Ofen nehmen. Auskühlen lassen und aus den Vertiefungen lösen.

4 Zum Verzieren Puderzucker mit etwas Milch zu einem dickflüssigen Guss verrühren. Cupcakes mit dem Guss bestreichen. Jeweils 1 Marshmallow quer halbieren, als Kopf auf den noch feuchten Zuckerguss setzen und etwas andrücken.

5 Mit roter und blauer Zuckerschrift Mund und Augen und mit den weißen Zuckerperlen die Nase gestalten; diese mit etwas Zuckerguss festkleben.

6 Gummischlangen als Schal um die Marshmallowköpfe legen und mit Zuckerguss befestigen. Silberperlen als Knöpfe in den Guss drücken. Guss vollständig erstarren lassen.

7 Ergibt 12 Stück.

Tipp
Wer möchte, kann den Schal auch aus mit Lebensmittelfarbe gefärbter Marzipanmasse formen.

Schneeflockenstern

Zutaten:
Für den Teig:
80 g Margarine
(z. B. von Sanella)
4 Eier
180 g Zucker
1 Päckchen
Vanillinzucker
1 Prise Salz
100 g Mehl
50 g Speisestärke
1/2 TL Backpulver
50 g Haselnüsse,
gemahlen
Fett für die Form
Für die Füllung:
250 g Mascarpone
(ersatzweise
Magerquark)
300 g Joghurt
80 g Zucker
100 g Konfitüre-Mix
4 Blatt weiße Gelatine
150 g Sahne
125 g Rumrosinen
Zum Verzieren:
200 g Sahne
1 TL Kakao
2 Baiserschalen
(Fertigprodukt)
1 TL Puderzucker

Zubereitungszeit:
90 Min.
Ruhezeit:
12 Std.

Nährwerte pro Stück:
355/1487 kcal/kJ
9 g EW
15 g F
46 g KH

1 Margarine schmelzen. Eier trennen. Eigelb mit Zucker, Vanillinzucker und 3 EL warmem Wasser schaumig schlagen. Fett lauwarm unterrühren. Eiweiß mit Salz steif schlagen, 1/3 auf die Eiercreme füllen. Mehl, Speisestärke und Backpulver mischen und darübersieben. Haselnüsse zufügen und alles locker vermischen. Restlichen Eischnee unterheben.

2 Sternform (28 cm) einfetten, Teig einfüllen. Bei 175 Grad ca. 50 Minuten backen. Lauwarm stürzen und zu 2 Sternböden durchschneiden.

3 Mascarpone, Joghurt, Zucker und Konfitüre verrühren. Gelatine auflösen, unter die Creme rühren. Sahne steif schlagen und unterheben. Sternform mit Frischhaltefolie auslegen. Einen Boden hineinlegen. Rumrosinen darauf verteilen, Füllung einschichten, den zweiten Boden obenauf legen. Torte über Nacht kalt stellen.

4 Torte stürzen, Folie abziehen. Mit geschlagener Sahne bestreichen. Kakao darübersieben, mit Baiserstückchen und Puderzucker bestäuben.

5 Ergibt 12 Stücke.

Zutaten:
450 g weiße Kuvertüre
100 g Sahne
60 g Butter
40 g Kokosfett
2–3 EL Weinbrand
Pralinenförmchen

Zubereitungszeit:
45 Min.
Ruhezeit:
24 Std.

Nährwerte pro Stück:
104/435 kcal/kJ
1 g EW
7 g F
8 g KH

Weinbrand-Sahne-Trüffel

1 300 g Kuvertüre nach Packungsanweisung im heißen Wasserbad schmelzen lassen. Sahne in einen Topf geben, aufkochen, Butter und Kokosfett dazugeben und zerlassen. Sahne-Fett-Gemisch mit der flüssigen Kuvertüre und dem Weinbrand kräftig verrühren.

2 Ein Backblech mit Frischhaltefolie auslegen und mit Streifen aus Alufolie begrenzen, sodass ein Rechteck von 25 x 20 cm Größe entsteht. Trüffelmasse daraufgeben und mit einer Palette gleichmäßig verstreichen. Blech mit Frischhaltefolie abdecken und im Kühlschrank ca. 24 Stunden fest werden lassen.

3 Aus der kalten Trüffelmasse Würfel von 1 x 1 cm schneiden und mit kalten Händen rasch Kugeln daraus formen.

4 Restliche Kuvertüre ebenfalls nach Packungsanweisung schmelzen und dann auf 31–33 Grad abkühlen lassen. Trüffel mit einer Gabel in die flüssige Kuvertüre tauchen, auf einem Kuchengitter abtropfen und erkalten lassen. Nach Wunsch in Pralinenförmchen setzen und bis zum Verzehr kühl lagern.

5 Ergibt ca. 35 Stück.

Kirsch-Mohn-Torte (Abb. S. 49)

Zutaten:
4 Eier
130 g Zucker
1 Beutel Mohn-Back
1 Prise Salz
100 g Weizenmehl
50 g Speisestärke
2 gestr. TL Backpulver
1 Glas Sauerkirschen
(Abtropfgewicht 350 g)
1 Beutel Rote-Grütze-
Pulver
400 g Sahne
1 Marzipandecke
(z. B. von Schwartau)
1 Beutel Pistazien,
gehackt

Nährwerte pro Stück:
432/1823 kcal/kJ
6 g EW
19 g F
60 g KH

1 Eier trennen. Eigelb und 2 EL warmes Wasser zusammen mit 100 g Zucker sehr cremig rühren, 1/2 Beutel Mohn-Back untermischen. Eiweiß mit Salz steif schlagen und auf die Eigelbcreme häufen.

2 Mehl, Speisestärke und Backpulver vermengen, auf den Eischnee sieben und vorsichtig unterheben. Teig halbieren, in mit Backpapier ausgelegte Springformen füllen und glatt streichen.

3 Backofen auf 180 Grad vorheizen und Böden darin 15 Minuten backen. Anschließend aus der Form stürzen, Backpapier sofort abziehen und auskühlen lassen.

4 Für die Füllung Kirschen mit restlichem Zucker aufkochen, nach Packungsanweisung mit Rote-Grütze-Pulver binden. Kirschmasse etwas abkühlen lassen. Einen Tortenboden mit einem Tortenrand umschließen und die Kirschfüllung darauf verteilen.

5 Sahne steif schlagen und 2 EL für die Garnierung zurückbehalten. Sahne vorsichtig mit dem restlichen Mohn-Back verrühren und die Hälfte auf die Kirschfüllung streichen. Zweiten Boden daraufsetzen und Torte ca. 1 Stunde kühl stellen.

6 Aus dem Tortenrand lösen. Torte rundherum mit restlicher Mohnsahne bestreichen. Marzipandecke auflegen, Sahnetupfen setzen und Torte mit Pistazien bestreuen.

7 Ergibt ca. 12 Stücke.

Zubereitungszeit:
50 Min.
Ruhezeit:
1 Std.

Knusper-
häuschen
& Co.

Bärenfamilie (Abb. S. 61)

Zutaten:
Für den Teig:
75 g Margarine
250 g Honig
125 g Zucker
1 Päckchen Pfeffer-
kuchengewürz
400 g Mehl
100 g Haselnusskerne,
gemahlen
2 TL Backpulver, 1 Ei
Für die Verzierung:
300 g Puderzucker
1 Eiweiß, Kokosraspel
Zuckerperlen
Zuckerstreusel
bunte Lebensmittel-
farbe

Nährwerte pro Stück:
441/1844 kcal/kJ
5 g EW
12 g F
77 g KH

1 Margarine, Honig und Zucker in einen Topf geben. Unter Rühren erhitzen, bis sich der Zucker gelöst hat. Topf vom Herd nehmen und die Masse, leicht abgekühlt, in eine große Schüssel geben.

2 Pfefferkuchengewürz, Mehl, Nüsse und Backpulver mischen. Zusammen mit dem Ei zur Honigmischung geben und gut verkneten. Zugedeckt ca. 2 Stunden ruhen lassen.

3 Honigkuchenteig portionsweise zwischen zwei Lagen Backpapier ca. 1/2 cm dick ausrollen. Bären ausstechen und auf ein mit Backpapier ausgelegtes Backblech legen. Bären im vorgeheizten Backofen bei 220 Grad 12–15 Minuten backen.

4 Puderzucker, Eiweiß und einige Tropfen Wasser zu einem Guss verrühren, nach Wunsch mit Lebensmittelfarbe einfärben. Mit einem Pinsel Hemd oder Hose auf die ausgekühlten Bären malen. Zum Spritzen den Guss in eine kleine Tüte aus Pergamentpapier füllen und vorne eine winzige Ecke abschneiden.

5 Kokosraspeln, Zuckerperlen oder -streusel auf den noch feuchten Guss streuen.

6 Ergibt 6 Bären à 15 cm.

Zubereitungszeit:
60 Min.
Ruhezeit:
2 Std.

Nikolausstiefel

Zutaten:
500 g Sirup
300 g Zucker
200 g Margarine
1 kg Mehl
100 g Kakao
4 Eier
2 TL Natron
je 1/2 TL Nelken, Zimt
und Piment, gemahlen
1/2 TL Salz
abgeriebene Schale
von 2 Zitronen
(unbehandelt)

1 Sirup, Zucker und Margarine erwärmen, bis sich der Zucker gelöst hat. Masse abkühlen lassen und mit Mehl, Kakao, Eiern, Natron, Gewürzen und Zitronenschale verkneten. Teig ca. 12 Stunden zugedeckt ruhen lassen.

2 Ofen auf 200 Grad vorheizen. Aus Backpapier eine Schablone für den Stiefel ausschneiden (36 cm hoch). Teig ca. 1/2 cm dick ausrollen, Schablone auf-

legen und Stiefel ausschneiden. Aus restlichem Teig eine 28 x 14 cm große Stulpe ausschneiden, unten wellenförmig ausrädern.

3 Stiefel auf ein mit Backpapier ausgelegtes Backblech legen. Stulpe am oberen Ende des Stiefels bündig auflegen, am unteren wellenförmigen Teil gut fest drücken. Die überlappenden Seiten nach hinten umklappen. Zwischen Stulpe und

Stiefel geknüllte Alufolie einlegen, damit der Stiefelschaft später gefüllt werden kann.

4 Stiefel im vorgeheizten Ofen 15–20 Minuten backen und gut auskühlen lassen. Alufolie vorsichtig entfernen.

5 Puderzucker mit Eiweiß und Zitronensaft verrühren und Stulpe auf der gewölbten Seite mit 1/3 des Gusses überziehen. Ein Holzbrett mit etwas Zuckerguss einstreichen und Stiefel aufkleben.

6 Restliche Zuckermasse mit Lebensmittelfarbe rot einfärben, unteren Teil des Stiefels damit bestreichen und trocknen lassen. Nikolausstiefel aufstellen und nach Wunsch füllen.

500 g Puderzucker
2 Eiweiß
Zitronensaft
rote Lebensmittelfarbe

Zubereitungszeit:
20 Min.
Ruhezeit:
12 Std.

Nährwerte pro Stiefel:
8900/37557 kcal/kJ
147 g EW
221 g F
1580 g KH

Adventsschmuck

Zutaten:
Für den Teig:
250 g Margarine
(z. B. von Sanella)
125 g Zucker
500 g Mehl
1 Päckchen
Vanillinzucker
1 Prise Salz
2 Eier
Mehl für die Arbeits-
fläche
Für die Verzierung:
1 Eiweiß
150 g Puderzucker
Nusskerne
Krokant
Kokosraspel
kandierte Früchte
und Zuckerperlen
nach Wahl

Zubereitungszeit:
30 Min.
Ruhezeit:
15 Min.

Nährwerte pro Stück:
100/420 kcal/kJ
2 g EW
4 g F
14 g KH

1 Für den Teig Margarine, Zucker, Mehl, Vanillinzucker, Salz und Eier nach und nach in eine Schüssel geben und zu einem glatten Mürbeteig verkneten. In Folie wickeln und 15 Minuten kalt stellen.

2 Teig auf einer bemehlten Arbeitsfläche ca. 1/2 cm dick ausrollen. Nach Wunsch Sterne, Glocken, Herzen, Engel, Tiere und Bäume ausstechen und auf ein mit Backpapier ausgelegtes Backblech legen. Kleine Löcher für die Bänder zum Aufhängen ausstechen.

3 Die Kekse im vorgeheizten Ofen bei 200 Grad 10–12 Minuten backen und auf einem Kuchengitter abkühlen lassen.

4 Für den Guss Eiweiß steif schlagen. Puderzucker unterrühren, sodass eine streichfähige Masse entsteht. Das Gebäck mit Guss, Nusskernen, Krokant, Kokosraspeln, kandierten Früchten und Zuckerperlen verzieren, das Ganze trocknen lassen und als essbaren Schmuck an Zweige hängen.

5 Ergibt ca. 100 Stück.

Pfefferkuchenhaus

1 Schablonen aus Pappe oder Backpapier zuschneiden: je 2 Rechtecke für das Dach (21 x 25 cm) und die Seitenwände (21 x 8 cm); 4 Rechtecke für den Schornstein (2,5 x 4 cm) sowie 2 passende Giebel.

2 Sirup und Zucker erwärmen und mit den übrigen Zutaten verkneten. Teig ca. 1 cm dick ausrollen, anhand der Schablonen ausschneiden und auf ein bemehltes Backblech legen. Im vorgeheizten Ofen bei 200 Grad jeweils 15 Minuten backen und abkühlen lassen.

3 Eiweiß zu steifem Schnee schlagen und mit gesiebtem Puderzucker zu einem festen Zuckerguss verrühren. In eine kleine Pergamenttüte füllen und die Hausteile mit dem Guss zusammenkleben. Jede Fuge nochmals mit Zuckerguss verkleben. Häuschen abschließend mit Zuckerguss, Süßigkeiten und kernigen Haferflocken verzieren.

4 Zum Schluss Watte in den Schornstein stecken und mit Puderzucker überstäuben.

Zutaten:
Für den Teig:
500 g Zuckerrüben-
sirup
250 g Zucker
100 g Butter
2 Eier
600 g Weizenmehl
400 g zarte
Haferflocken
5 TL Backpulver
4 EL Kakao
2 TL Zimt
1 TL Anis, gemahlen
1/2 TL Nelkenpulver
Mehl für das Blech
Für den Guss:
4 Eiweiß
1 kg Puderzucker
Zum Verzieren:
weihnachtliche
Süßigkeiten
kernige Haferflocken
Watte

Zubereitungszeit:
90 Min.

Nährwerte pro Haus:
10526/44209 kcal/kJ
138 g EW
137 g F
2186 g KH

Zutaten:
Für den Teig:
300 g Zucker-
rübensirup
160 g brauner Zucker
200 g Butter
100 ml Milch
520 g Weizenmehl
280 g zarte
Haferflocken
1 Päckchen
Lebkuchengewürz
3 TL Backpulver
Für die Verzierung:
250 g Puderzucker
6 EL Zitronensaft
Nüsse
Anissterne
Aprikosenstreifen

Zubereitungszeit:
60 Min.
Ruhezeit:
10 Min.

Nährwerte pro Stück:
182/773 kcal/kJ
1 g EW
8 g F
27 g KH

Adventsdorf

1 Backofen auf 200 Grad vorheizen, zwei Backbleche mit Backpapier auslegen.

2 Sirup, Zucker, Butter, Milch, Mehl, Haferflocken, Lebkuchengewürz und Backpulver nach und nach zu einem glatten Teig verkneten und ca. 10 Minuten im Kühlschrank ruhen lassen.

3 Teig gleichmäßig auf beide Backbleche verteilen und ausrollen. Mit einem Teigrädchen jeweils 36 gleich große Rechtecke ausradeln (längs sowie quer je 6 Streifen). Teig im vorgeheizten Ofen auf mittlerer Schiene ca. 10 Minuten backen.

4 Puderzucker und Zitronensaft verrühren und in einen Spritzbeutel geben. 24 Lebkuchen ausbreiten und mit den Zahlen 1–24 versehen. Für die Häuschen je einen Lebkuchen hinlegen, an zwei gegenüberliegenden Seiten Zuckerguss-Streifen ziehen und die beiden anderen Lebkuchen – davon einer mit Zahl – auf die Streifen stellen, dabei oben mit etwas Guss zusammenkleben.

5 Verzierungen mit Zuckerguss befestigen. Häuschen zu einem Dorf anordnen.

6 Ergibt 24 Häuschen.

Selbst gebackener Adventskalender

1 Honig, Zucker und Butter unter ständigem Rühren in einem Topf erhitzen, bis alles geschmolzen ist. Dann abkühlen lassen. Pottasche mit Rum verrühren. Mehl in eine Schüssel sieben, mit Anissamen, Lebkuchengewürz und Walnüssen mischen. Honig-Fett-Mischung und aufgelöste Pottasche zugeben und alles zu einem glatten Teig verkneten.

2 Teig in Folie wickeln und 1 Tag bei Zimmertemperatur ruhen lassen.

3 Ofen auf 200 Grad vorheizen. Teig durchkneten und auf einem mit Backpapier ausgelegten Backblech ausrollen. 24 gleich große Felder einritzen, dabei mit einigen Ausstechförmchen versehen. Im vorgeheizten Ofen ca. 15 Minuten backen. Gut auskühlen lassen.

4 Puderzucker durchsieben, mit Eiweiß und einigen Tropfen Wasser glatt rühren und nach Belieben mit Lebensmittelfarbe färben. Gusssorten in kleine Plastikbeutel füllen, eine Ecke abschneiden, die markierten Linien damit nachspritzen, Ausstechförmchen ausfüllen und die Zahlen aufspritzen.

Zutaten:
Für den Teig:
250 g Honig
100 g brauner Zucker
2 EL Butter
1/2 Päckchen Pottasche
2 cl Rum
350 g Mehl
1 TL Anissamen
1 Päckchen Lebkuchengewürz
100 g Walnusskerne, gehackt
Zum Verzieren:
250 g Puderzucker
1 Eiweiß
grüne, rote und gelbe Lebensmittelfarbe

Zubereitungszeit:
30 Min.
Ruhezeit:
1 Tag

Nährwerte pro Stück:
183/766 kcal/kJ
2 g EW
4 g F
34 g KH

Tipp

Mit Zuckerguss einen Rand zickzackförmig aufspritzen.

Selbst gebackener Adventsschmuck

Zutaten:
400 g Mehl
1 Würfel frische Hefe
1 TL Zucker
1/2 TL Salz, 1/8 l Milch
1–2 EL Sahne zum
Bestreichen
1 EL Sonnenblumen-
kerne
2 EL Mohn
1 EL Pistazien
1 EL Mandelblättchen

Zubereitungszeit:
60 Min.
Ruhezeit:
ca. 40 Min.

Nährwerte pro Stück:
91/382 kcal/kJ
3 g EW, 2 g F, 15 g KH

1 Mehl in eine Schüssel sieben und in die Mitte eine Mulde drücken. Hefe hineinbröckeln, Zucker sowie Salz zufügen und nach und nach alles mit der lauwarmen Milch zu einem glatten Teig verkneten. Zugedeckt an einem warmen Ort ca. 20 Minuten gehen lassen.

2 Aus dem Teig weihnachtliche Figuren (z. B. Sterne, Tannenbäume, Weihnachtsbäume) formen oder Teig ausrollen und Figuren ausstechen.

3 Baumschmuck mit Sahne bestreichen und mit Sonnenblumenkernen, Mohn, Pistazien und Mandelblättern verzieren. Figuren nochmals 20 Minuten gehen lassen. Im vorgeheizten Backofen bei 200 Grad ca. 30 Minuten backen.

4 Gebäck auf dem Kuchengitter auskühlen lassen und mit buntem Band durchstechen.

5 Ergibt ca. 20 Stück.

Adventsgewürzhaus

Zutaten:
300 g Honig
150 g Butter
700 g Mehl
1/4 l Buttermilch
2 TL Natron
1 Päckchen
Lebkuchengewürz
1 TL Koriander
1 Prise Salz
abgeriebene Schale
von 1 Zitrone
(unbehandelt)
1 Ei
500 g Puderzucker
400 g gemischtes
Trockenobst (z. B.
Aprikosen, Pflaumen)
50 g Sonnenblumen-
kerne

1 Honig mit Butter erhitzen, anschließend abkühlen lassen.

2 Mehl, Buttermilch, Natron, Gewürze und Zitronenschale mit der Honigmischung und dem Ei verkneten. Teig über Nacht bei Zimmertemperatur zugedeckt ruhen lassen.

3 Teig ca. 1/2 cm dick ausrollen, daraus 2 Seitenwände à 8 x 23 cm mit je 1 Fensterloch, 2 Giebelteile à 21 x 23 cm mit Fenster und Tür sowie 2 Dachseiten à 21 x 25 cm schneiden.

4 Für den Kamin je ein Rechteck à 9 x 6 cm, à 9 x 13 cm und à 9 x 19 cm schneiden. Letzteres schräg durchschneiden, sodass jedes Teilstück Seitenhöhen von 6 cm und 13 cm hat. Teigreste für Zaun, Weg und Tannenbäume verwenden. Alle Teile im vorgeheizten Ofen auf einem mit Backpapier ausgelegten Blech bei 200 Grad ca. 10 Minuten backen.

5 Für den Guss Puderzucker mit etwas Wasser glatt rühren. Ein großes Backblech mit einem weißen Tuch auslegen. Seiten- und Giebelteile mihilfe des Zuckergusses miteinander verkleben, auf das vorbereitete Blech stellen und trocknen lassen. Anschließend das Dach aufsetzen und ebenfalls mit Zuckerguss fixieren.

6 Zuletzt Kaminteile zusammenkleben, fest werden lassen und auf das Dach setzen. Zaun, Wegbalken und Tannenbäume um das Haus herum anordnen. Restlichen Zuckerguss in einen Spritzbeutel mit feiner Tülle geben und das Haus mit Trockenobst, Sonnenblumenkernen, Weihnachtsgewürzen und dem Guss verzieren. Nach Belieben Mehl als Schnee in den Garten streuen.

7 Für jeden Tag ein Gebäckpäckchen an jeweils einem Bändchen befestigen. Aus Tonpapier kleine Quadrate ausschneiden, von 1–24 durchnummerieren und an das Ende jedes Bändchens kleben.

8 Mit dem Gebäck durch den Kamin in das Haus herablassen.

Weihnachtsgewürze (z. B. Zimtstangen, Sternanis oder Nelken) Mehl nach Belieben verschiedene Sorten Plätzchen

Zubereitungszeit: ca. 4 Std.
Ruhezeit: ca. 12 Std.

Nährwerte pro Haus: 7640/32120 kcal/kJ 100 g EW 160 g F 1420 g KH

Schneemänner

Zutaten:
Für den Teig:
200 g Butter
200 g Weizenmehl
100 g zarte
Haferflocken
100 g Zucker
1 Päckchen
Vanillinzucker
abgeriebene Schale
von 1 Zitrone
(unbehandelt)
1 Ei
Mehl zum Ausrollen
Für die Verzierung:
2–3 EL Korinthen
2 EL Pinienkerne
250 g Puderzucker
rote Lebensmittelfarbe

Zubereitungszeit:
50 Min.

Nährwerte pro Stück:
142/596 kcal/kJ
2 g EW
6 g F
20 g KH

1 Butter, Mehl, Haferflocken, Zucker, Vanillinzucker, Zitronenschale und Ei verkneten, zu einer Kugel formen und zugedeckt kühl stellen. Teig auf einer bemehlten Arbeitsfläche ausrollen. Backofen auf 180 Grad vorheizen.

2 Aus dem Teig Kreise von 7 cm Durchmesser für den Körper und 4 cm Durchmesser für den Kopf ausstechen. Den kleinen Kreis leicht überlappend auf den großen Kreis setzen, etwas andrücken. Korinthen auf den »Bauch« der Schneemänner setzen und in den oberen Kreis einen Pinienkern als Nase drücken.

3 Kekse auf ein mit Backpapier ausgelegtes Backblech legen und im Ofen auf mittlerer Einschubleiste 10–12 Minuten backen. Anschließend auskühlen lassen. Hälfte des Puderzuckers mit Wasser verrühren und mit Lebensmittelfarbe einfärben. Schneemänner mit restlichem Puderzucker bestäuben und mit farbigem Zuckerguss verzieren.

4 Ergibt ca. 30 Stück.

Zutaten:
250 g Zucker-
rübensirup
125 g Zucker
100 g Butter
1 Ei
1 Eigelb
abgeriebene Schale
von 1 Zitrone
(unbehandelt)
2 EL Kakao
1 TL Zimt
1 TL Anis
1 Prise Nelkenpulver
1 Prise Salz
300 g Weizenmehl
1/2 Päckchen
Backpulver
200 g Haferflocken
1 Eiweiß
250 g Puderzucker

Zubereitungszeit:
30 Min.

Nährwerte pro Stück:
102/427 kcal/kJ
2 g EW
2 g F
19 g KH

Zarte Himmelsboten

1 Sirup und Zucker erwärmen. Butter, Ei und Eigelb schaumig schlagen, Zitronenschale, Kakao und Gewürze sowie Salz dazugeben.

2 Mehl mit Backpulver vermengen und mit Haferflocken nach und nach unter die Masse kneten. Zuletzt Zucker-Sirup-Gemisch unterziehen und alles gut durcharbeiten. Teig ca. 1/2 cm dick ausrollen, Plätzchen in Form von Engeln ausstechen und auf ein mit Backpapier belegtes Backblech legen.

3 Ofen auf 200 Grad vorheizen und Himmelsboten auf mittlerer Einschubleiste ca. 8 Minuten backen. Erkalten lassen und mit einem Guss aus Eiweiß und Puderzucker verzieren.

4 Ergibt ca. 45 Stück.

Tipp

Wenn die »Zarten Himmelsboten« Ihren Adventsstrauß oder Weihnachtsbaum schmücken sollen, stechen Sie gleich nach dem Backen mit einem Holzstäbchen kleine Löcher für die Aufhänger hinein.

Pinguine

Zutaten:
200 g Margarine
200 g Honig
125 g brauner Zucker
400 g Mehl
1 TL Backpulver
2 TL Lebkuchengewürz
100 g Mandeln, gemahlen
1 Eigelb
1/2 Fläschchen
Bittermandelaroma
100 g Puderzucker
1 TL Zitronensaft
1 Eiweiß
Lebensmittelfarbe
100 g Zartbitterkuvertüre
weiße Zuckerperlen
1 Baiserboden

Nährwerte pro Stück:
4397/18364 kcal/kJ
68 g EW, 142 g F, 702 g KH

1 Margarine, Honig und Zucker erwärmen, bis der Zucker gelöst ist. Abkühlen lassen. Mehl mit Backpulver, Lebkuchengewürz und Mandeln mischen. Eigelb, Mehlmischung und Aroma dazugeben und gut verkneten. Teig über Nacht kalt stellen.

2 Backofen auf 200 Grad vorheizen. Teig auf einem Stück Backpapier legen und ca. 1/2 cm dick ausrollen. Vorbereitete Pinguinschablonen auf den Teig legen und 1 großen, 1 mittleren sowie 1 kleinen Pinguin ausschneiden.

3 Auf ein mit Backpapier ausgelegtes Blech geben und im Ofen 10–12 Minuten backen.

4 Puderzucker mit Zitronensaft und Eiweiß zu Guss aufschlagen. Mit Lebensmittelfarbe rot und gelb einfärben. Kuvertüre im Wasserbad schmelzen lassen.

5 Lebkuchenfiguren auf ein Kuchengitter geben, Schnäbel und Füße mit Farbe bepinseln, Frack mit Kuvertüre bedecken und Zuckerperlen als Augen aufsetzen. Baiserboden als Eisberg nutzen und Pinguine daraufsetzen.

Zubereitungszeit:
50 Min.
Ruhezeit:
12 Std.

Rentier Rudolph

Zutaten:
2 Eier, 200 g Zucker
30 g Margarine
2 TL Lebkuchengewürz
300 g Mehl
1 TL Backpulver
je 75 g weiße und dunkle
Kuvertüre
rote Belegkirschen
Mandeln, gehackt

Zubereitungszeit: 45 Min.
Ruhezeit: 1 Std.

Nährwerte pro Stück:
379/1586 kcal/kJ
7 g EW, 10 g F, 64 g KH

1 Eier, Zucker und Margarine cremig rühren. Lebkuchengewürz, Mehl und Backpulver unterkneten und den Teig abgedeckt 1 Stunde kalt stellen.

2 Teig portionsweise auf der bemehlten Arbeitsfläche ca. 1/2 cm dick ausrollen. Mit einer Form oder einer selbst gemachten Schablone Rentiere ausstechen bzw. ausschneiden. Teigreste erneut verkneten, ausrollen und ausstechen.

3 Backofen auf 200 Grad vorheizen. Rentiere auf mit Backpapier ausgelegte Backbleche legen und 10–12 Minuten backen. Herausnehmen und auf einem Kuchengitter vollständig auskühlen lassen.

4 Kuvertüren getrennt im Wasserbad schmelzen, Geweih, Augen, Mund, Ohren, Hufe und Schwänzchen damit verzieren. Belegkirschen klein schneiden und als Nase festkleben. Mandeln auf der noch warmen Kuvertüre an Geweih und Hufen verteilen.

5 Ergibt 8 große Rentiere.

Zutaten:
125 g Margarine
175 g Blockschokolade
225 g Zucker
1 Päckchen
Vanillinzucker
1 Prise Salz
2 Eier
125 g Mehl
75 g Haselnüsse,
gehackt
75 g Walnüsse, gehackt
Margarine zum
Einfetten
100 g Nussnugatcreme
Walnusshälften zum
Garnieren

Zubereitungszeit:
70 Min.

Brownies

1 Für den Teig Margarine bei milder Hitze zerlassen, Blockschokolade hineinbröckeln. Unter Rühren langsam schmelzen und abkühlen lassen.

2 Zucker, Vanillinzucker, Salz und Eier hinzufügen. Mit dem Schneebesen oder einem elektrischen Rührgerät schlagen, bis sich der Zucker vollständig gelöst hat. Mehl zu der Fett-Ei-Mischung sieben und mit den Nüssen unterrühren.

3 Teig in die gefettete Backform einfüllen, glatt streichen und im vorgeheizten Ofen bei 200–225 Grad 30–40 Minuten backen.

4 Den Kuchen noch heiß in 12 Quadrate schneiden. Nussnugat im Wasserbad schmelzen und je 1 TL auf jedes Teigquadrat geben. Mit den Walnusshälften belegen.

5 Ergibt 12 Stück.

Nährwerte pro Stück:
395/1649 kcal/kJ
6 g EW, 22 g F, 43 g KH

Tipp

Wer keine quadratische Form besitzt, kann den Teig auch auf ein gefettetes Backblech geben und die entsprechende Größe (23 x 23 cm) mit Streifen aus Alufolie begrenzen. Ganz frisch gegessen, wie es die Amerikaner tun, schmecken die Brownies am besten – sie sollten innen noch etwas feucht sein.

Mini-Panettoni

1 Für den Vorteig Mehl und Zucker mischen und in die Mitte eine Mulde drücken. Hefe zerbröckeln, in 4–5 EL Milch auflösen, in die Mulde gießen und an einem warmen Ort zugedeckt 15 Minuten gehen lassen.

2 Margarine in der restlichen Milch schmelzen lassen. Eier, Eigelb und Gewürze unterrühren und zum Vorteig geben. Alles zu einem glatten Teig verkneten und zugedeckt an einem warmen Ort ca. 30 Minuten gehen lassen.

3 Belegkirschen, evtl. Zitronat und Orangeat hacken, mit Rosinen unter den Teig kneten. 12 Timbaleförmchen à 120 ml einfetten, Teig einfüllen und 25 Minuten gehen lassen.

4 Backofen auf 175 Grad vorheizen. Teigoberfläche mit einem Messer kreuzweise einschneiden, in den Ofen schieben und 25–30 Minuten backen. Mini-Panettoni aus den Förmchen stürzen, abkühlen lassen und mit Puderzucker bestäuben.

5 Ergibt ca. 12 Stück.

Zutaten:
600 g Mehl
150 g Zucker
1 Würfel Hefe
1/4 l lauwarme Milch
125 g Rama
3 Eier
2 Eigelb
1 TL Salz
1 Prise Muskat
1 TL abgeriebene Zitronenschale (unbehandelt)
50 g Belegkirschen
100 g Zitronat
100 g Orangeat
150 g Rosinen
Fett für die Förmchen
Puderzucker

Zubereitungszeit:
45 Min.
Ruhezeit:
70 Min.

Nährwerte pro Stück:
477/1886 kcal/kJ
9 g EW
13 g F
74 g KH

Französische Walnussbissen

Zutaten:
400 g Mehl, 1 Ei
1 Prise Salz
3 Tropfen
Bittermandelöl
1 Msp. Kardamom
1 EL Rum, 200 g Butter
200 g Zucker
165 g Walnüsse,
gemahlen
Mehl zum Ausrollen
100 g Orangen-
marmelade
400 g Puderzucker
8 cl Rum
ca. 170 Walnusshälften
(250 g)

Zubereitungszeit: 60 Min.
Ruhezeit: 30 Min.

1 Mehl in eine flache Schüssel sieben. In die Mitte eine Mulde drücken. Ei, Salz, Bittermandelöl, Kardamom und Rum in die Mulde geben. Butter in Flöckchen am Rand verteilen. Zucker und Walnüsse darüberstreuen. Von außen nach innen schnell einen glatten Teig kneten. Mindestens 30 Minuten in den Kühlschrank stellen.

2 Dann auf bemehlter Arbeitsfläche 1/2 cm dick ausrollen. Plätzchen von 3 cm Durchmesser ausstechen. Auf ein ungefettetes Backblech legen. In den vorgeheizten Ofen auf die mittlere Schiene schieben und bei 220 Grad ca. 10 Minuten backen. Herausnehmen und etwas abkühlen lassen.

3 Die Hälfte der Plätzchen mit Marmelade bestreichen. Jeweils ein zweites Plätzchen daraufsetzen. Erkalten lassen.

4 Für die Glasur Puderzucker mit Rum verrühren. Plätzchen damit überziehen. In den noch nicht ganz fest gewordenen Guss je 1 Walnusshälfte drücken und hart werden lassen.

5 Ergibt ca. 170 Stück.

Nährwerte pro Stück:
55/230 kcal/kJ
1 g EW, 3 g F, 6 g KH

Linzer Sterne

Zutaten:
350 g Mehl
125 g Zucker
1 Päckchen Vanillin-
zucker
abgeriebene Schale von
1 Orange und Zitrone
(unbehandelt)
4 Eigelb
1 Prise Salz
125 g Mandeln, gemahlen
3 Tropfen Bittermandelöl
1 EL Rum
225 g Butter
225 g Aprikosenkonfitüre
Puderzucker zum
Bestäuben

Zubereitungszeit: 30 Min.
Ruhezeit: 60 Min.

1 Mehl in eine Schüssel sieben, in die Mitte eine Mulde drücken. Zucker, Vanillinzucker, Orangen- und Zitronenschale, Eigelb, Salz, Mandeln, Bittermandelöl und Rum zugeben.

2 Butter in Flöckchen an den Rand setzen und alles zu einem glatten Teig verkneten. Ca. 1 Stunde kalt stellen.

3 Teig auf bemehlter Arbeitsfläche dünn ausrollen und Sterne ausstechen. In die Hälfte der Sterne ein Loch stechen.

4 Gebäck auf ein mit Backpapier ausgelegtes Backblech legen und im vorgeheizten Ofen bei 200 Grad 8–10 Minuten backen.

5 Ungelochte Sterne mit Konfitüre bestreichen, gelochte Sterne daraufsetzen und trocknen lassen. Zuletzt mit Puderzucker bestäuben.

6 Ergibt 30 Stück.

Nährwerte pro Stück:
165/691 kcal/kJ
2 g EW, 8 g F, 18 g KH

Zutaten:
Für den Teig:
100 g Weizenmehl
50 g zarte
Haferflocken
75 g Puderzucker
1 Prise Salz
1 Ei
100 g Butter
abgeriebene Schale
von 1 Zitrone
(unbehandelt)
Für die Füllung:
50 g Lemoncurd
(ersatzweise Zitronen-
marmelade)
Für die Verzierung:
Saft von 1 Zitrone
75 g Puderzucker
20 g Pistazien,
gehackt

Zubereitungszeit: 30 Min.
Ruhezeit: 60 Min.

Nährwerte pro Stück:
86/360 kcal/kJ
1 g EW
4 g F
11 g KH

Lemoncookies

1 Mehl mit Haferflocken, Puderzucker und Salz vermischen und eine Mulde hineindrücken. Ei in die Mitte geben, Butter in Flöckchen und Zitronenschale an den Rand setzen. Alles kurz durchhacken und dann schnell mit den Händen zu einem glatten Teig verarbeiten. Evtl. etwas Haferflocken hinzufügen. In Frischhaltefolie gewickelt 1 Stunde kalt stellen.

2 Teig auf wenig Mehl ca. 3 mm dick ausrollen und Plätzchen in beliebiger Form ausstechen. Im vorgeheizten Backofen bei 180 Grad 10–12 Minuten backen.

3 Plätzchen auf ein Kuchengitter setzen und jedes zweite dünn mit Lemoncurd bestreichen. Restliche Plätzchen als Deckel aufsetzen.

4 Zitrone auspressen und mit dem Puderzucker zu einem dickflüssigen Guss anrühren. Plätzchen damit bestreichen, mit Pistazien bestreuen und trocknen lassen.

5 Ergibt ca. 50 Stück.

Zutaten:
125 g weiche Butter
120 g Zucker
1 TL Zimt
1/2 TL Nelkenpulver
(z. B. von Ostmann)
1/2 TL Muskat
1 Ei
300 g saure Sahne
250 g Mehl
2 1/2 TL Backpulver
1/2 TL Natron
60 g Walnüsse,
gehackt
200 g Vollmilch-
kuvertüre
Hagelzucker
weihnachtliche
Schokoladen-
verzierung

Zubereitungszeit:
45 Min.

Nährwerte pro Stück:
339/1423 kcal/kJ
6 g EW
21 g F
33 g KH

Christmasmuffins

1 Backofen auf 180 Grad vorheizen. Butter, Zucker und Gewürze schaumig schlagen. Ei und saure Sahne zugeben und verrühren. Mehl, Backpulver und Natron mischen, sieben und nach und nach mit den Nüssen unter die Ei-Butter-Masse ziehen.

2 Teig in ein mit Papierförmchen ausgelegtes Muffinblech füllen, 20–25 Minuten backen, aus den Mulden nehmen und auskühlen lassen.

3 Kuvertüre nach Packungsanweisung schmelzen, Muffins damit verzieren, mit Hagelzucker bestreuen und mit weihnachtlichen Süßigkeiten garniert servieren.

4 Ergibt ca. 12 Stück.

Baseler Leckerli

1 Honig, Zucker, Salz und 2 EL Wasser in einen Topf geben und unter Rühren langsam erwärmen, bis sich der Zucker gelöst hat. Zimt, Nelkenpulver und Muskat unterrühren. Den Topf vom Herd nehmen und die Honigmischung etwas abkühlen lassen.

2 Nacheinander Mandeln, Zitronenschale, Orangeat, Zitronat und Kirschwasser unter die warme Honigmischung rühren. Mehl und Backpulver darübersieben und alles zu einem glatten Teig verkneten.

3 Ein Backblech mit Backpapier auslegen. Teig darauf ca. 1/2 cm dick ausrollen und ca. 3 Stunden stehen lassen. Anschließend im vorgeheizten Ofen bei 200 Grad ca. 20 Minuten backen.

4 Für die Glasur Puderzucker mit Kirschwasser oder Zitronensaft verrühren, das heiße Gebäck sofort nach dem Backen damit bestreichen und noch warm in ca. 3 x 5 cm große Streifen oder Rauten schneiden. Baseler Leckerli auf einem Kuchengitter gut auskühlen lassen.

5 Ergibt ca. 60 Stück.

Zutaten:
250 g Honig
250 g Zucker
1 Prise Salz
1 EL Zimt
1 Prise Nelkenpulver
1 Prise Muskat
200 g Mandeln, gehackt
1 TL abgeriebene Zitronenschale
je 75 g Orangeat und Zitronat
6 EL Kirschwasser
400 g Mehl
1 TL Backpulver
Für die Glasur:
100 g Puderzucker
3 EL Kirschwasser oder Zitronensaft

Zubereitungszeit:
25 Min.
Ruhezeit:
3 Std.

Nährwerte pro Stück:
81/340 kcal/kJ
1 g EW
2 g F
14 g KH

Belgrader Brot

Zutaten:
2 Eier
2 Eigelb
1 Beutel Citro-Back
(Fertigprodukt)
200 g Zucker
2 gestr. TL Zimt
2 EL Paniermehl
250 g Mehl
2 EL Früchtemix
200 g Mandeln,
gehackt
Für die Dekoration:
1 Beutel Kuchenglasur
Zitrone
1 Beutel Früchtemix

Zubereitungszeit:
25 Min.

1 Eier, Eigelb, Citro-Back und Zucker mit dem Handrührgerät schaumig rühren. Danach Zimt, Paniermehl, Mehl, Früchtemix und Nüsse unterrühren.

2 Teig in die Mitte eines mit Backpapier ausgelegten Backbleches geben und nach allen Seiten gleichmäßig 1/2 cm dick ausstreichen. In den auf 200–225 Grad vorgeheizten Backofen schieben und in 15–20 Minuten goldgelb backen.

3 Sofort nach dem Backen die heiße Kuchenplatte in Rauten schneiden und auf dem Blech vollständig auskühlen lassen. Kuchenglasur nach Packungsanweisung schmelzen und Kuchen damit überziehen. Mit Früchtemix verzieren.

4 Ergibt ca. 50 Stück.

Nährwerte pro Stück:
65/273 kcal/kJ
2 g EW, 3 g F, 8 g KH

Weihnachts-Cantuccini

1 Mehl mit Backpulver mischen und in eine Schüssel sieben. Eier verquirlen, dann nach und nach alle anderen Zutaten, bis auf die Walnüsse, sowie Mehlmischung zufügen und mit den Knethaken des Handrührgerätes gründlich verkneten.

2 Teig aus der Schüssel nehmen und auf einer bemehlten Arbeitsplatte mit den Händen zu einem glatten Teig verarbeiten, dabei die Walnüsse unterarbeiten. Teig in vier gleich große Portionen aufteilen und zu backblechlangen Rollen formen.

3 Backofen auf 180 Grad vorheizen. Rollen auf ein mit Backpapier ausgelegtes Backblech setzen und im vorgeheizten Ofen auf der mittleren Schiene ca. 45 Minuten backen.

4 Teigrollen nach dem Backen ca. 5 Minuten ruhen lassen. Dann die noch heißen Rollen schräg in ca. 2 cm dicke Scheiben schneiden. Cantuccini vollständig erkalten lassen, dann erst in Gebäckdosen verpacken.

5 Ergibt ca. 100 Stück.

Zutaten:
500 g Mehl Type 405
(z. B. von Aurora)
1 TL Backpulver
3 Eier
250 g Zucker
2 TL Zimt
2 TL Nelkenpulver
abgeriebene Schale
von je 1 Orange und
Zitrone (unbehandelt)
2 EL Mandellikör
50 g weiche Butter
30 g Butterschmalz
Mehl für die
Arbeitsfläche
200 g Walnüsse

Zubereitungszeit:
25 Min.

Nährwerte pro Stück:
50/208 kcal/kJ
1 g EW
2 g F
7 g KH

Englischer Weihnachtskuchen

Zutaten:
200 g Korinthen
1 Beutel Rumrosinen
2 Beutel gemischte kandierte Früchte
100 g Haselnüsse, gehobelt
100 g Walnüsse, gehackt
100 g Mandeln, gehackt
400 g Mehl
200 g Butter
200 g brauner Zucker
4 Eier
1 Päckchen Backpulver
je 1 TL Ingwer und Zimt, gemahlen
1/4 TL Kardamom, gemahlen
1 Prise Salz
1/2 Tasse Whisky
Für die Dekoration:
2 Beutel Kuchenglasur Zitrone (z. B. von Schwartau)
einige kandierte Früchte
Stechpalmenblätter (Ilex)

Zubereitungszeit:
90 Min.
Ruhezeit:
3 Tage

Nährwerte pro Stück:
592/2487 kcal/kJ
10 g EW
31 g F
60 g KH

1 Trockenfrüchte und Nüsse in eine große Schüssel geben, mit 150 g Mehl bestäuben und verrühren.

2 Fett, Zucker und Eier schaumig rühren, mit restlichem Mehl, Backpulver, Gewürzen und Salz zu einem glatten Teig verrühren. Früchte-Nuss-Masse unterheben, Whisky darübergießen und alles nochmals vermischen. Masse in eine mit Backpapier ausgekleidete Springform füllen und glatt streichen.

3 Im vorgeheizten Backofen bei 180 Grad auf der unteren Einschubleiste ca. 2 Stunden backen. Form auf ein Kuchengitter stellen, abkühlen lassen und stürzen.

4 Kuchen in Alufolie einschlagen und ca. 3 Tage bei Zimmertemperatur lagern, bevor er mit Glasur überzogen wird.

5 Kuchenglasur nach Packungsanweisung schmelzen, Kuchen rundherum überziehen und mit einigen kandierten Früchten und Stechpalmenblättern verzieren.

6 Ergibt ca. 12 Stücke.

Honigkuchenbilder amerikanisch

1 Honig, Zucker und 50 ml Wasser im Wasserbad erwärmen, bis der Zucker gelöst ist. Das Gemisch handwarm abkühlen lassen. Gesiebte Mehle, Ei, Lebkuchengewürz und Zimt zugeben und verkneten.

2 Pottasche und Hirschhornsalz jeweils in 3 EL Milch lösen und nacheinander unter den Teig kneten. Intensiv kneten! Teig für ca. 3 Stunden kühl stellen.

3 Mit Mehl bestäuben und ca. 1/2 cm dick ausrollen. Teig in beliebigen Formen ausstechen. Für größere Formen sollte man vorher eine Pappschablone anfertigen, auf den Teig legen und mit scharfem Messer an der Schablone entlang ausschneiden.

4 Backblech mit Backpapier belegen und die Figuren darauflegen. Honigkuchen dünn mit restlicher Milch bestreichen und nach Belieben mit Sonnenblumenkernen, Mandeln und kandierten Früchten belegen. Bei 200 Grad 15–18 Minuten ausbacken.

5 Für die Eiweißspritzglasur Eiweiß, Puderzucker und Salz zu sehr steifem Schnee schlagen. Nach dem Backen Lebkuchen mit Eiweißspritzglasur garnieren und Liebesperlen auf die Glasur streuen.

6 Vor dem Aufhängen die garnierten Honigkuchen ca. 2 Stunden trocknen lassen.

7 Ergibt ca. 20 Stück.

Zutaten:
Für den Teig:
320 g Honig
260 g Zucker
350 g Weizenmehl Type 1050
400 g Mehl Type 405
1 Ei
15 g Lebkuchengewürz
1 geh. TL Zimt
8 g Pottasche
8 g Hirschhornsalz
50 ml Milch
Sonnenblumenkerne, geschält
halbierte Mandeln, geschält
kandierte Früchte
1 Eiweiß
150 g Puderzucker
1 Prise Salz
Liebesperlen nach Belieben

Zubereitungszeit:
90 Min.
Ruhezeit:
3 Std.

Nährwerte pro Stück:
73/307 kcal/kJ
3 g EW
4 g F
7 g KH

Türkische Kurabiye

Zutaten:
100 g Orangeat
250 g Mehl
75 g Speisestärke
2 TL Backpulver
1 Prise Salz
1 TL Nelkenpulver
175 g weiche Butter
2 Eier
1 Eigelb
60 g Honig
1 Beutel Zuckerguss Classic
1 Beutel Pistazien, gehackt

Zubereitungszeit:
35 Min.
Ruhezeit:
40 Min.

1 Orangeat sehr fein hacken. Mehl, Speisestärke, Backpulver, Salz und Nelkenpulver mischen. Butter, Eier, Eigelb, Honig und Orangeat zufügen und alles zu einem glatten Teig verkneten. Teig zu zwei Teigrollen von 3 cm Durchmesser formen und in Folie gewickelt ca. 40 Minuten in den Tiefkühler legen oder über Nacht in den Kühlschrank legen.

2 Von den Rollen 1 cm breite Scheiben abschneiden. Anschließend mit einem Holzlöffelstiel kleine Vertiefungen hineindrücken. Plätzchen auf ein mit Backpapier belegtes Backblech legen.

3 Im auf 200 Grad vorgeheizten Backofen ca. 15 Minuten backen. Anschließend auf einem Kuchengitter abkühlen lassen. Plätzchen mit Zuckerguss bestreichen und mit Pistazien bestreuen.

4 Ergibt 65 Stück.

Nährwerte pro Stück:
57/237 kcal/kJ
1 g EW, 3 g F, 7 g KH

Plätzchen Florentiner Art
(Abb. S. 73)

Zutaten:
150 g Weizenmehl
100 g Zucker
2 EL kernige Haferflocken
2 Päckchen Bourbon-Vanillezucker
3 Tropfen Butter-Vanille-Aroma
150 g Butter
Mehl für die Arbeitsfläche
50 g bunte Belegkirschen
100 g Sahne
100 g kernige Haferflocken
80 g Mandeln, gehobelt

Zubereitungszeit:
30 Min.
Ruhezeit:
60 Min.

1 Mehl, 50 g Zucker, Haferflocken, 1 Päckchen Vanillezucker, Aroma und 100 g Butter mit 1 EL kaltem Wasser verkneten und 1 Stunde kalt stellen. Teig auf bemehlter Arbeitsfläche dünn ausrollen und auf ein mit Backpapier ausgelegtes Backblech legen. Im vorgeheizten Ofen bei 200 Grad auf mittlerer Einschubleiste 8–10 Minuten backen und abkühlen lassen.

2 Für den Belag Kirschen zerkleinern. Restliche Butter, Zucker sowie Vanillezucker im Kochtopf unter ständigem Rühren zerlassen. Sahne hinzufügen und die Masse kurz einköcheln lassen. Topf vom Herd nehmen. Haferflocken, Mandeln sowie zerkleinerte Belegkirschen unterrühren und Masse etwas abkühlen lassen.

3 Vorgebackenen Teig mit der Masse bestreichen, erneut 10 Minuten backen und noch warm in ca. 5 x 4 cm große Rechtecke schneiden.

4 Ergibt ca. 50 Stück.

Nährwerte pro Stück:
64/268 kcal/kJ
1 g EW, 4 g F, 6 g KH

Getränke
für die
Advents-
und
Weihnachts-
zeit

Zutaten:
3/4 l roter Traubensaft
7 Nelken
2 Zimtstangen
(z. B. von Fuchs)
4 ganze Sternanis
Saft von 1/2 Zitrone
Saft von 1 Orange
1 EL Honig

Zubereitungszeit:
15 Min.

Nährwerte pro Drink:
157/656 kcal/kJ
1 g EW
0 g F
37 g KH

Gewürzpunsch »Wellness«

1 Traubensaft mit Nelken, Zimtstangen, Sternanis, Zitronen- und Orangensaft zum Kochen bringen und mit Honig abschmecken. Ziehen lassen.

2 Punsch abseihen, auf 4 Gläser verteilen und nach Wunsch mit Cocktaillöffeln servieren.

Weihnachtspunsch

1 Den halben Apfel waschen, entkernen und in Würfel schneiden. Orange schälen und Fruchtfleisch würfeln.

2 Kumquats waschen, jede Frucht mit 5 Nelken spicken und auf einen Schaschlikspieß ziehen.

3 In jedes Glas jeweils 1 TL Rosinen, Mandeln, Honig, Zitro-nensaft sowie 3 EL Instant-flocken geben.

4 Traubensaft mit Apfel- und Orangenwürfeln im Koch-topf erwärmen, auf die Gläser verteilen und umrühren. Mit Zimt und Kardamom ab-schmecken.

5 Punsch mit je einem Kum-quatspieß dekoriert servieren.

Zutaten:
1/2 Apfel
1 Orange
4 Kumquats
20 Nelken
4 TL Rosinen
4 TL Mandeln, gehackt
4 TL Honig
4 TL Zitronensaft
12 EL Instantflocken
700 ml roter
Traubensaft
Zimt
Kardamom

Zubereitungszeit:
15 Min.

Nährwerte pro Drink:
211/886 kcal/kJ
3 g EW
3 g F
43 g KH

Jagertee

Zutaten:
4 Beutel schwarzer Tee
1/4 l kräftiger Rotwein
5 cl Obstbranntwein
4 Stäbchen brauner Kandiszucker

Nährwerte pro Drink:
126/527 kcal/kJ
0 g EW, 0 g F, 16 g KH

1 Teebeutel in einen Topf hängen und mit 1 l kochendem Wasser auffüllen. Tee 3 Minuten ziehen lassen, dann Beutel entfernen.

2 Rotwein mit dem Obstler mischen und zum Tee geben.

Nochmals erhitzen und dann auf 4 Gläser verteilen.

3 Jagertee kurz umrühren und mit Kandiszucker servieren.

Zubereitungszeit:
10 Min.

Feuerzangenbowle

Zutaten:
3 Flaschen Rotwein
(à 3/4 l)
1 Orange
(unbehandelt)
1 Zitrone
(unbehandelt)
5 Gewürznelken
1 Zuckerhut (250 g)
300 ml Rum
(mind. 54 % vol.)

Zubereitungszeit:
30 Min.

Nährwerte pro Drink:
281/1178 kcal/kJ
0 g EW
0 g F
25 g KH

1 Wein in ein Feuerzangenbowlengefäß gießen.

2 Orange und Zitrone gut waschen und in Scheiben schneiden. Fruchtscheiben sowie Nelken zum Wein geben und alles erhitzen. Feuerzange über den Kessel legen, Zucker-hut daraufgeben und mit Rum tränken. Zucker anzünden und ständig etwas Rum nachgießen, bis der Zucker vollständig geschmolzen und in den Rotwein getropft ist. Bowle in feuerfesten Gläsern servieren.

3 Ergibt 12 Gläser.

Zutaten:
4 Pimentkörner
5 Nelken
2 TL Ingwer, getrocknet
1 TL Anissamen
1 Stück Macisblüte
1 Zimtstange
1 Spritzer Tabasco
4 TL Schwarztee
(z. B. von Lipton)
2 EL Honig
aufgeschlagene Milch
Cayennepfeffer zum
Bestäuben

Zubereitungszeit:
20 Min.

Nährwerte pro Drink:
38/159 kcal/kJ
0 g EW
0 g F
9 g KH

Indischer Gewürztee

1 Alle Gewürze mit 3/4 l Wasser in einem Topf zum Kochen bringen und 15 Minuten bei schwacher Hitze weiterköcheln lassen.

2 Tee in eine vorgewärmte Kanne geben, mit Gewürzwasser aufgießen und 4 Minuten ziehen lassen.

3 Gewürztee durch ein Sieb in einen Topf gießen und mit Honig süßen. Tee in 4 Gläser füllen, mit aufgeschlagener Milch auffüllen und mit Cayennepfeffer servieren.

Zutaten:
3 cl Haselnusslikör
(z. B. von Frangelico)
150 ml heiße
Schokolade
30 g Sahne
Lebkuchenherz
Haselnusskrokant

Zubereitungszeit:
10 Min.

Nährwerte pro Drink:
385/1611 kcal/kJ
7 g EW
18 g F
47 g KH

X-mas Hazelnut

1 Haselnusslikör in ein Long-drinkglas geben und mit heißer Schokolade auffüllen. Sahne steif schlagen, in einen Spritzbeutel geben und damit eine Sahne-haube auf den Drink sprühen.

2 Lebkuchenherz auf ein Holz-stäbchen spießen und ins Glas stellen. X-mas Hazelnut mit einem Löffel und einem Stroh-halm servieren. Nach Wunsch Krokant über die Sahne streuen.

Zutaten:
2 Eier, 2 Eigelb
4 EL Puderzucker
1/4 l Rum

Nährwerte pro Drink:
298/1253 kcal/kJ
5 g EW, 6 g F, 10 g KH

Eiergrog

1 Eier und Eigelb mit Puder-zucker cremig aufschlagen.

2 1/4 l Wasser erhitzen, Rum zugeben und unter die Eimasse

schlagen. Auf 4 Gläser vertei-len und heiß servieren.

Zubereitungszeit:
15 Min.

Heißer Zimtapfel

1 Apfelsaft in einen Topf geben, Calvados dazugießen und das Ganze erhitzen, jedoch nicht kochen. In ein Longdrinkglas füllen und ein paar Nelken hineingeben.

2 Apfel waschen, mit einem Entkerner das Kerngehäuse ausstechen, Apfel in Scheiben schneiden und von einer Seite mit Zimt bestreuen. Zimtstange durch den Apfelring stecken und mit einer Orchideenblüte in das Glas geben.

3 Heißen Zimtapfel mit Löffel und Strohhalm servieren.

Zutaten:
18 cl naturtrüber Apfelsaft
3 cl Calvados
Nelken
frischer Apfel
1/2 TL Zimt
Zimtstange
Orchideenblüte zum Verzieren

Zubereitungszeit:
10 Min.

Nährwerte pro Drink:
203/849 kcal/kJ
1 g EW
1 g F
24 g KH

Tipp

Die Zimtstange gibt im Glas das feine Aroma an den Cocktail ab. Wer eine intensivere Zimtnote mag, kann den Cocktail beim Erhitzen mit einer Prise Zimt abschmecken.

Zutaten:
1 Orange
(unbehandelt)
1 EL Zucker
4 EL Orangenlikör
1 EL schwarzer Tee
Zucker nach
Geschmack

Zubereitungszeit:
10 Min

Nährwerte pro Drink:
56/235 kcal/kJ
0 g EW
0 g F
8 g KH.

Orangentee

1 Orange heiß waschen, trocken reiben und mit einem Juliennereißer die Schale ablösen. Orange auspressen.

2 Orangenschale mit dem Zucker in einen Topf geben und so lange erhitzen, bis der Zucker geschmolzen ist. Mit Orangensaft und Likör ablöschen und kurz aufkochen lassen.

3 Schwarztee mit 1/2 l kochendem Wasser aufgießen, 4 Minuten ziehen lassen, durchseihen und mit dem Orangensaft mischen. Orangentee nach Geschmack süßen.

Zutaten:
600 ml Holunder-
beersaft
4 EL Zitronensaft
2 EL Zucker
8 cl brauner Rum

Holunderbeergrog

1 Holunderbeersaft mit Zitronensaft und Zucker in einen Topf geben und erhitzen, bis sich der Zucker aufgelöst hat.

2 Rum zum Saft gießen, kurz mit erwärmen und auf 4 hitzefeste Gläser verteilen.

Zubereitungszeit:
10 Min.

Nährwerte pro Drink:
142/594 kcal/kJ
2 g EW, 0 g F, 15 g KH

Weihnachtliche Gewürzmilch

1 200 ml Wasser aufkochen. Orange waschen, trocken reiben und Schale abreiben. Ingwer schälen und in Scheiben schneiden. Orangenschale sowie Ingwer mit Zimt und Zucker ins heiße Wasser geben und 5 Minuten ziehen lassen.

2 Tee hinzufügen und weitere 3–4 Minuten ziehen lassen. Gewürztee durch ein Sieb gießen, Tee auffangen und mit der Milch noch einmal aufkochen.

3 Sahne mit Puderzucker und Lebkuchengewürz halbsteif schlagen. Gewürzmilch auf 4 Gläser verteilen und mit je einem Klecks Sahne garnieren.

Zutaten:
1/2 Orange
(unbehandelt)
2 cm frischer Ingwer
1/2 Zimtstange
50 g brauner Zucker
1 TL schwarzer Tee
400 ml bayerische Milch
200 g Sahne
1 EL Puderzucker
1 TL Lebkuchengewürz

Zubereitungszeit:
15 Min.

Nährwerte pro Drink:
278/1163 kcal/kJ
5 g EW
19 g F
23 g KH

Traubengrog

Zutaten:
1 Zitrone (unbehandelt)
je 60 g grüne und blaue
Weintrauben
3–4 TL Zucker
8 cl weißer Rum

Nährwerte pro Drink:
203/853 kcal/kJ
0 g EW, 0 g F, 20 g KH

1 Zitrone mit einem Sparschäler spiralförmig abschälen. Den Streifen der Länge nach mit einem spitzen Messer sorgfältig halbieren. Trauben waschen und gut abtropfen lassen, halbieren und evtl. Kerne entfernen.

2 Traubenhälften mit Zucker, Rum und Zitronenschale auf 2 Gläser verteilen. Mit je 1/8 l kochendem Wasser auffüllen.

Zubereitungszeit:
10 Min.

Glühwein

Zutaten:
1 Flasche Rotwein
75 g hellbrauner Zucker
2 Zimtstangen
1 Zitrone in Scheiben
4 ganze Gewürznelken
150 ml Brandy oder
Portwein
Zitronenscheiben zum
Garnieren

Nährwerte pro Drink:
170/712 kcal/kJ
14 g Alk, 0 g F, 18 g KH

1 Alle Zutaten bis auf den Brandy oder Portwein in einem großen Topf zum Kochen und den Zucker zum Schmelzen bringen. Vom Herd nehmen und zugedeckt 5 Minuten ziehen lassen.

2 Durch ein Sieb gießen, um die Gewürze und Zitronenscheiben zu entfernen.

3 Brandy oder Portwein dazugießen und warm mit einer Scheibe Zitrone servieren.

4 Ergibt 6 Gläser.

Zubereitungszeit:
10 Min.

Gewürztee

Zutaten:
1 Orange
(unbehandelt)
1 Zimtstange
2 Sternanis
1 Nelke
3/4 l heißer Assamtee
4 lange Zimtstangen
brauner Teezucker
zum Süßen

Nährwerte pro Drink:
51/212 kcal/kJ
0 g EW, 0 g F, 13 g KH

1 Orange heiß waschen, trocken reiben und rundherum dünn abschälen. Schale beiseitelegen. Orange anschließend auspressen. Gewürze in den Tee geben, Orangensaft zufügen und ca. 5 Minuten ziehen lassen.

2 In der Zwischenzeit jede Zimtstange mit einem Stück Orangenschale umwickeln und

in 4 Gläser stellen. Den Gewürztee abgießen und in die Gläser füllen. Nach Belieben mit braunem Teezucker süßen.

Zubereitungszeit:
7 Min.

Text- und Bildquellen

Titelbild: StockFood
Inhalt: Alnatura: 21, 35, 45, 55; Aurora: 13, 24, 31, 46, 53, 81; Borco: 90, 91; Butaris: 44; Fuchs Gewürze: 85, 86; Goldpuder: 19; Kölln-flocken: 15, 20, 27, 50, 65, 66, 70, 71, 73, 77, 87; Landesvereinigung der Bayerischen Milchwirtschaft: 93; Lipton: 89, 92; National Sunflowers Association: 83; Ostmann Gewürze: 29, 78; Rama: 25, 28, 33, 51, 75; Sanella: 26, 58, 61, 64, 74; Schwartauer Werke: 4, 9, 10, 34, 36, 41, 49, 59, 80, 82; StockFood: 5, 6, 8, 16, 54, 57; The Food Professionals Köhnen GmbH: 17, 18, 22, 30, 38, 39, 42, 43, 47, 63, 67, 69, 79, 88